Wolfgang Spiller

Dein Darm
Wurzel
der Lebenskraft

Wolfgang Spiller

Dein Darm
Wurzel
der Lebenskraft

Waldthausen

3. Auflage 1995

Gesamtherstellung: Buchdruckwerkstätten Hannover GmbH

Dieses Buch wurde auf chlorfrei gebleichtem Papier gedruckt

ISBN B-926453-75-3

Printed in Germany

Meinen Eltern
in tiefer Dankbarkeit
gewidmet.

Inhaltsverzeichnis

Vorwort

Da ich schon lange auf ein Buch wie dieses gewartet habe, freut es mich besonders, nun das Vorwort schreiben zu können. Herrn Spiller ist es vorbildlich gelungen, das für unsere Gesundheit so überaus wichtige Thema der Darmgesundheit unter Berücksichtigung aller wesentlichen Aspekte so darzustellen, daß es eine Fundgrube an Wissen für Ärzte und andere auf gesundheitlichem Gebiet arbeitende Therapeuten darstellt und gleichzeitig für den interessierten Laien verständlich ist.

Aus meiner langjährigen Tätigkeit als praktizierende Ärztin für Naturheilverfahren weiß ich, daß es kaum noch gesunde Menschen gibt. Unabdingbare Voraussetzung für wirkliche Gesundheit ist ein gesunder Darm, da dieser für circa siebzig Prozent unseres Immunsystems verantwortlich zeichnet. Diesem Thema wird leider in der Schulmedizin bisher viel zu wenig Beachtung geschenkt; auch daß die Ernährung von fundamentaler Bedeutung für den Zustand des Darms ist, wird praktisch überhaupt nicht berücksichtigt.

Dabei liegt es auf der Hand, daß die heutigen Umwelteinflüsse – sei es unsere hektische Lebensweise, die katastrophalen Ernährungsgewohnheiten mit denauturierten, künstlich aromatisierten und mit Chemikalien oder Strahlen behandelten Lebensmittel – Gesundheit zu einem fast unerreichbaren Ideal werden läßt.

Für die Gesundheit meiner Patienten ist die Berücksichtigung dieser Zusammenhänge Grundvoraussetzung. Deswegen ist die Darmsanierung für mich seit Beginn meiner Tätigkeit als Ärztin ein wichtiges Thema, dem ich mich früh widmen konnte, da ich bei verschiedenen, in diesem Bereich erfahrenen, Naturheilärzten lernte.

Jedoch gibt es zu diesem Thema noch viel zu wenig inhaltlich überzeugende Literatur, die dieses Wissen – auch im schulmedizinischen Bereich – weiter verbreiten könnte. Das vorliegende Buch wird mit Sicherheit dazu beitragen, diese Lücke zu schließen, umso mehr, als daß Ärzte und Therapeuten gut nachvollziehbare und anwendbare Therapievorschläge vorfinden.

Was mich besonders freut und ich für immens wichtig halte ist, daß Herr Spiller der Ernährung so große Bedeutung beimißt, die zu einem möglichst hohen Anteil aus biologisch angebauter Rohkost bestehen sollte. Ohne dieses Fundament wird Darmgesundheit und damit ein bestmöglicher Gesundheitszustand nie erreicht werden können.

So bleibt mir am Ende dieses Vorwortes nur noch der Wunsch, daß viele Menschen dieses Buch lesen mögen – es leistet einen wichtigen Beitrag zur Beantwortung brennender Gesundheitsfragen.

Frankfurt, im Januar 1993
Dr. med. Petra Bracht

Teil I

Einleitung

Die Bedeutung der Darmflora wird in der Medizin immer mehr erkannt. Jahrzehntelang völlig ignoriert, gelegentlich von Außenseitern beachtet, findet sie heute immer mehr das Interesse wissenschaftlich Arbeitender. Empirische Beobachtungen zahlreicher Therapeuten erfahren nun eine wissenschaftliche Bestätigung. Die Fülle an Arbeiten zum Thema Darmflora ist kaum noch zu überschauen. Nur weniges gelangt an die breite Öffentlichkeit, so daß Begriffe wie Dysbiose und Symbioselenkung vielen Patienten zwar bekannt sind, jedoch die wenigsten genau verstehen, was damit gemeint ist.

Auch in Fachkreisen gibt es sehr unterschiedliche Ansichten über dieses Thema, vor allem deswegen, weil bis heute noch niemand weiß, wie eine »normale« Darmflora auszusehen hat und wie eine »kranke«. Niemand kann genau angeben, worauf es bei einer Symbioselenkung ankommt, damit sie wirklich zum Erfolg führt.

Besonders deutlich wurde uns dies bei den Vorarbeiten zu diesem Buch. Wir fanden viele widersprüchliche Aussagen, abweichende Definitionen und eine Vielzahl von Darmsanierungstheorien, so daß es unserer Meinung nach höchste Zeit ist, die Fülle dieses Stoffes zu ordnen und mit diesem Buch eine Diskussionsgrundlage zu schaffen, die sowohl dem Therapeuten als auch dem Laien eine Hilfe sein kann.

»Der Tod sitzt im Darm« und »Der Darm ist die Wurzel der Lebenskraft« sind zwei Zitate, die aus jeweils verschiedenem Blickwinkel die Bedeutung des Organes Darm und seiner Inhaltsstoffe hervorheben. Das erste Zitat stammt von einem Erfahrungsheilkundler, der schnell erkannte, daß viele Krankheiten einhergehen mit einem »kranken« Darm. Verstopfung, Durchfälle, Entzündungen, Geschwüre, Divertikel, Milieuveränderung, Enzymschwäche, Verdauungsinsuffizienz, verminderte Peristaltik und Dysbiosen bis hin zum Pilzbefall sind Störungen, die für sich allein und sich untereinander bedingend, den Organismus so schädigen können, daß er krank wird, ja sogar daran stirbt. Wer kennt nicht das Unwohlsein und die unreine, grobporige Haut bei Verstopfung? Oder die Vielzahl der Lebensmittelunverträglichkeiten bei Pilzbefall? Wer kennt nicht den manchmal tödlichen Eiweißschock bei Versagen des darmassoziierten Immunsystems? Wer würde heute noch eine ganzheitliche Allergietherapie machen ohne Darmsanierung?

Sicher ist die Formulierung »der Tod sitzt im Darm« überzogen, aber wer die schleichende Vergiftung des Körpers durch die im kranken Darm produzierten Toxine kennt, weiß, daß sie über Jahre unweigerlich zum Tode führt, weil der Körper nicht mehr in der Lage ist, diese Gifte zu neutralisieren. Was in der medizinischen Fachsprache »intestinale Autointoxikation« genannt wird, muß als häufigstes ursächliches Prinzip von Krankheiten angesehen werden. Welche Faktoren zu einer solchen Eigenvergiftung führen, soll in diesem Buch geklärt werden.

Betrachten wir das zweite Zitat, so sehen wir hier den Schlüssel für die Gesundung des Körpers. Denn **ein gesunder Darm ist die Wurzel der Lebenskraft**. Er garantiert Wohlbefinden, Abwehrstärke, optimale Entgiftung und hervorragende Stoffwechselleistung.

Um all diesen Aspekten gerecht zu werden, reicht es nicht, sich ausschließlich mit der Bakterienflora des Darmes auseinanderzusetzen, es muß das komplette Verdauungssystem mit all seinen Funktionen und Leistungen berücksichtigt werden.

Hinzu kommt, daß der Verdauungstrakt des Menschen die größte Kontaktfläche mit der Außenwelt darstellt. Die Kontamination (Verschmutzung) mit körperfremden Substanzen und in vielen Fällen sogar erheblich den Organismus schädigenden Stoffen gewinnt in der heutigen Zeit immer größere Bedeutung und verleiht dem Thema eine andere Dimension. War es bis vor 40 Jahren in erster Linie ein ernährungsbedingtes Fehlverhalten, das unseren Verdauungstrakt und die Schleimhäute belastete, haben wir es heute mit einer Vielzahl chemisch-synthetischer Stoffe zu tun, die unser Verdauungssystem kontaminieren und schädigen. Zusatzstoffe in industriell hergestellten Nahrungsmitteln, Insektizide, Pestizide, Fungizide, Schwermetalle und andere Substanzen, Medikamente und andere Stoffe, stellen uns hier immer wieder vor große Aufgaben. Wer solche Überlegungen anstrengt, wird sich kaum wundern, daß heute in Deutschland über 30 Millionen Menschen an Allergien leiden.

Wir schätzen, daß weltweit 500 Millionen Menschen direkt wie auch indirekt erkranken, weil sie akut oder chronisch mit synthetischen Substanzen über das Verdauungssystem kontaminiert werden oder wurden. Eine gestörte Darmflora einzuregulieren, kann hier nur ein begleitendes therapeutisches Vorgehen sein.

Wie sensibel die Darmflora auf diese Einflüsse reagiert, zeigte eine Untersuchung von *Santo*. Er fand, daß allein schon nach dem Genuß von Backaromen und Einmachhilfen normale Kolibakterien von 134 auf 4 reduziert werden.

Santo, Rusch und *Kolb* konnten experimentell nachweisen, daß Penicillin in einer Lösung von 1:10 Millionen innerhalb kurzer Zeit eine Entartung normaler Darmkeime verursacht. Was mögen wohl Pestizide anrichten? Erfährt man z. B., daß heutzutage die häufigste Todesursache bei Kindern Krebs ist, wird es allerhöchste Zeit, eingefahrene Denkmodelle kritisch zu durchleuchten und viele Dinge in der Medizin wie auch in unserer Gesellschaft kritisch zu hinterfragen.

Mit Ignoranz und Arroganz läßt sich heute nichts mehr bewegen. Wir finden es erschreckend, welch geringe Bedeutung der Darmflora in der Medizin bisher beigemessen wird. Die medizinische Mikrobiologie reduziert das Thema lediglich auf die Frage: Ist ein Bakterium pathogen oder apathogen?

Krankmachende Keime werden näher untersucht, normale Keime als bedeutungslos hingestellt. Dabei wird vergessen, daß der Mensch im Laufe seiner Evolution (Entwicklung) eine Symbiose (Miteinanderleben) mit Mikroorganismen eingehen mußte, wenn er überhaupt überleben wollte. Diese Symbiose zwischen Mensch und in ihm lebenden Mikroorganismen ist einer der wesentlichsten Faktoren für Gesundheit und Wohlbefinden.

Kapitel 1
Unser Verdauungssystem

Bevor wir uns mit dem eigentlichen Thema »Bakterienflora im menschlichen Darm« auseinandersetzen, müssen wir uns zum besseren Verständnis mit dem Verdauungssystem insgesamt beschäftigen. Gerade die Funktionen der einzelnen Abschnitte dieses komplexen Systems und ihre Beziehungen zur Mikroflora bedürfen einer näheren Betrachtung, da sonst Begriffe wie Eubiose, (gesunde Darmflora) Dysbiose (kranke Darmflora) und Symbioselenkung niemals ganzheitlich verstanden werden können. Es gibt genügend Beispiele, die verdeutlichen, daß für eine Dysbakterie (kranke Darmflora) des Darmes eine Fehlfunktion des Leber-Galle-Systems oder der Bauchspeicheldrüse verantwortlich sein kann bzw. eine Übersäuerung oder Untersäuerung des Magens.

Der Verdauungstrakt beginnt mit den Lippen des Mundes und endet mit dem After: ein System mit einer Länge von ca. 6,5 m und einer Gesamtoberfläche von über 250 qm, ein riesengroßes Organsystem mit der Hauptaufgabe, die mit der Nahrung aufgenommenen Nährstoffe zu zerlegen, aufzunehmen und zu verwerten, um lebensnotwendige Energie zu gewinnen. Diese Zerlegungsfabrik mit all ihren Helfern und Helfershelfern, besonders der Darmflora, stellt in dieser Weise ein einzigartiges System dar. Die Abschnitte im einzelnen (siehe Abbildungen auf Seite 22):

Mundhöhle Sie beinhaltet Zähne, Zunge, Speicheldrüsen und Lymphsystem. Zähne und Zunge sind zum Zerkleinern der Nahrung, die Speicheldrüsen zur enzymatischen Aufspaltung und das Lymphsystem zur Filterung von Mikrobeneiweißen. Täglich produzieren die Drüsen 1–2 Liter Speichel, der vor allem Elektrolyte, Bicarbonat, Enzyme und das Immunglobulin A enthält.

Ösophagus Die Speiseröhre. Sie hat eine Länge von 25 cm und ist ein mit Schleimhaut überzogener Muskelschlauch zum Transport des Speisebreies zum Magen.

Magen Das Organ, das dem eigentlichen Verdauungstrakt vorgeschaltet ist, zur Sammlung des Speisebreies. Er bildet Pepsinogen und Salzsäure; außer Schleim noch den Intrinsic-Faktor, ohne den keine Vitamin-B_{12}-Verwertung stattfinden kann. Im Magen werden die Speisen keimfrei gemacht und weiter aufgespalten. Während in der Mundhöhle Kohlenhydrate vorverdaut werden, wird im Magen Eiweiß zerlegt.

Dünndarm Der 5 m lange Dünndarm unterteilt sich wiederum in 3 Abschnitte.
Duodenum – Jejunum – Ileum (Zwölffingerdarm – Leerdarm – Krummdarm).
In den Dünndarm münden der Gallengang und der Pankreasgang.
Beide sondern Verdauungssekrete ab. Galle ca. 0,5-1 Liter, Pankreassaft ca. 1–1,5 Liter täglich. Der Pankreassaft enthält u.a. eiweißspaltende Enzyme, fett-

spaltende Enzyme und kohlenhydratspaltende Enzyme sowie nukleinsäurespaltende Enzyme. Die Galle führt als wichtigsten Bestandteil Gallensäure mit sich, außerdem Gallenfarbstoff und geringe Mengen Cholesterin. Dies alles zusammen baut die Nahrung im Dünndarm zu niedermolekularen Substanzen ab, um dann von den Darmzotten in die Blut- und Lymphbahn aufgenommen zu werden.

Dickdarm

Auch der Dickdarm unterteilt sich in mehrere Abschnitte.
Coecum – Colon ascendens – Colon transversus – Colon descendens – Rectum (Blinddarm – Grimmdarm – Mastdarm).
Wenn der Speisebrei in den Dickdarm gelangt, sind die Verdauungsvorgänge abgeschlossen. Durch Abgabe von Wasser an den Körper wird der Speisebrei eingedickt und zur Ausscheidung vorbereitet.

Verdauungssäfte

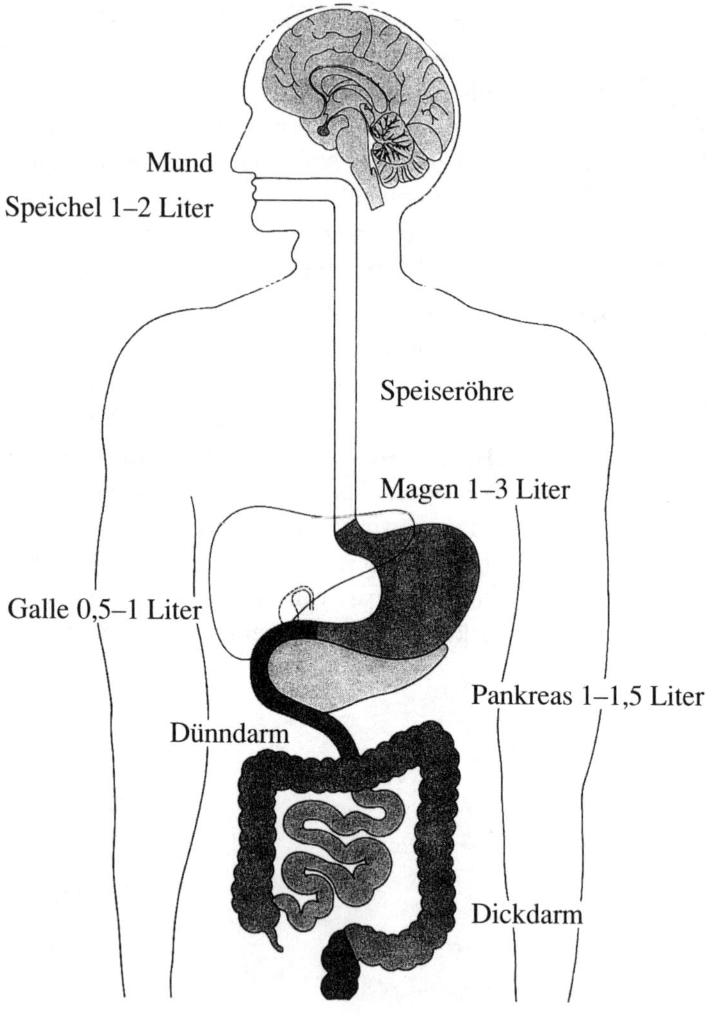

Kapitel 2

Aufbau der Mikroflora unseres Verdauungssystems

Heute herrscht weitgehende Übereinstimmung über die ersten Besiedlungsverhältnisse im Verdauungstrakt des Menschen. Das war nicht immer so. Noch in den sechziger Jahren gab es äußerst kontrovers geführte Diskussionen. *Cremer* (1960) und *Kandler* (1969) waren noch von der Bedeutungslosigkeit von Darmbakterien überzeugt, *Lucey* (1963) will sogar nachgewiesen haben, daß es möglich ist, Tiere mit einem sterilen Darm über mehrere Generationen am Leben zu erhalten.

Demgegenüber belegten die Arbeiten von *Glimstedt*, daß keimfrei aufgezogene Tiere höchstens 90 Tage überleben.

Als sicher gilt jedoch, daß der Darm eines Neugeborenen steril ist. Die Besiedelung findet entweder während des Durchtritts durch den Geburtskanal statt oder erst kurz nach der Geburt beim Saugen an der Mutterbrust. Wenn die Besiedelung des Darmes abgeschlossen ist, tummeln sich dort ca. 500 Arten; das entspricht ca. 600 Milliarden Keimen. Es scheint, daß die Ansiedelung nach einem bestimmten Schema vorgeht und daß Abweichungen davon erhebliche Auswirkungen auf das weitere Anwachsen von Mikroben haben.

Nach *Flaschenträger* (1955) siedeln sich erst nach der Geburt Köpfchenbakterien Escherich an, die aber bald verdrängt werden durch Bifidobakterien, später von Enterokokken und schließlich von Bacterium coli. *Seeger* (1971) glaubt, daß sich beim Saugen an der Mutterbrust erst Streptococcus lactici und Lactobacillus acidophilus ansiedeln, die später durch Bifidobakterien und Bacterium coli abgelöst werden. *Seeger* weist weiter daraufhin, daß Flaschenkinder erst Enterokokken und diverse Coliarten ansiedeln, also andere Besiedelungsverhältnisse aufweisen.

Hier sollte interessanterweise eine Arbeit von *Prof. Dr. med. Mayer* (Direktor der Universitäts-Kinderklinik Homburg/Saar) und Frau *Dr. med. Buchholz* (Chefärztin der Kinderklinik des Kreiskrankenhauses Merzig/Saar) aus dem Jahre 1970 vorgestellt werden, die sich mit den Auswirkungen der sogenannten industriell hergestellten Fertignahrungen auf die Stuhlflora des Säuglings beschäftigt.

Die Autoren legen in ihrer Arbeit dar, daß das Brustkind in seinem Darm eine alles beherrschende Bifidumflora aufweist, während das Flaschenkind in seinem Darm vorwiegend eine Coli-aerogene-Kokkenflora beherbergt. Nach Verabreichung der Fertignahrungen *Humana O, Humana I, Humana II, Multival, Nan, Aponti, Pomil, Alete FL, Alete I, Alete II, Pelargon, Hippon, Honigmilch, Milumil* und *Eledon* wurde bei allen untersuchten Säuglingen festgestellt, daß die lebensnotwendige Bifidumflora erheblich reduziert wurde zugunsten einer Flora, die eine erhebliche Infektanfälligkeit bedingt. Mit andere Worten: »*Die Bifidumflora des Säuglingsdarmes besitzt in gewissem Umfang eine Hemmkraft, die die Ansiedlung von Dyspepsie-Coli im Darm verhindert*« (Zitat *Mayer/Keschawarzi*). Wir werden später noch einmal auf dieses Thema zurückkommen.

Die Besiedelung des Intestinaltraktes mit Bifidumbakterien und schließlich Bacterium coli kurz nach der Geburt hat noch eine weitere lebenswichtige Bedeutung für das Neugeborene. Denn nach der Besiedelung des Darmes mit Kolibakterien setzt die Bildung von Vitamin K ein, wodurch die Blutungsbereitschaft des Säuglings allmählich zurückgeht. Die in der sterilen Atmosphäre moderner Kliniken geborenen Kinder bekommen vielfach direkt nach der Geburt prophylaktisch Vitamin K injiziert, eine Maßnahme, die notwendig wurde, weil unter den dort herrschenden sterilen Bedingungen und, wie wir oben gesehen haben, bei zusätzlich steriler Flaschenkost kein vernünftiger Aufbau der Intestinalflora mehr stattfinden kann. Eine Maßnahme, die heute wieder sehr umstritten ist, da ein englisches Forscherteam nachgewiesen hat, daß durch Vitamin K-Injektionen für Kinder das Risiko an Krebs zu erkranken enorm steigt (DPA-Meldung vom 10. 1. 1993 – Welt am Sonntag). Hier rächt sich die Ignoranz, mit der »moderne« Mediziner der Mikroflora des Verdauungssystems begegnen.

Durch die Erkenntnisse mikrobiologischer Forschungen und effektiver Untersuchungen wurden immer bessere Analysen der Besiedelungsverhältnisse im Magen-Darmtrakt erzielt, so daß heute ziemlich genau Auskunft über die Erstbesiedelung und Entwicklung der Normalflora Auskunft gegeben werden kann. Als sicher gilt heute, daß die Vaginalflora bei der Erstbesiedelung eine große Rolle spielt und nicht erst das Saugen an der Mutterbrust. Eine intakte Vaginalflora der Mutter entscheidet über die optimale Entwicklung der Normalflora des Neugeborenen.

Im gesunden Milieu der Scheide finden wir in erster Linie Lactobazillen und Bifidobakterien. Diese Keime werden während der Geburt aufgenommen. Eine weitere Kontamination findet mit Bakterien im Analbereich statt. Hier herrschen vor allem Enterobakterien, Enterokokken und Bifidobakterien vor. Und der dritte Kontakt besteht im Hautkontakt beim Stillen mit Streptokokken und Lactobazillen. Kaiserschnittkinder, wie auch später Flaschenkinder, laufen somit zwangsläufig Gefahr, eine Fehlflora zu entwickeln.

Erstbesiedelung der Flora des Verdauungstraktes

Flaschenträger (1955)	*Seeger* (1973)	*Schuler* (1989)
Köpfchenbakterien Escherich	Streptococcus lactici	Bifidobakterien ++++
Bifidobakterien	Lactobazillus acidophilus	Lactobazillen ++
Enterokokken		
	Bifidobakterien	Bacteroides ++
B. coli		
	B. coli	
		B. coli +
		andere Enterobakterien +
		Clostridien +
		Eubakterien +

++++ = $> 10^{10}$
++ = in geringer Keimzahl vorkommend
\+ = selten vorkommend

Ist die Phase der Erstbesiedelung abgeschlossen, bleibt die Flora nach *Schuler* bis zum Zeitpunkt der Zufütterung konstant, gleichgültig, ob sich jetzt eine Normalflora oder Fehlflora angesiedelt hat. Die dritte und bedeutendste

Besiedlungsphase beginnt mit dem Zufüttern. Jetzt entscheidet die Art der weiteren Ernährung über die Entwicklung der Intestinalflora. Wie wir bei der Untersuchung über fertigprodukternährte Kinder gesehen haben, spielt die Ernährung eine wichtige Rolle. Und gerade hier werden unseres Erachtens auf Grund unzureichenden Wissens bei Eltern und Therapeuten entscheidende Fehler gemacht. Näheres lesen Sie dazu bitte im Kapitel 14 »Darmflora und Ernährung«.

Die größte Gefahr, die dem Kind in der dritten Besiedelungsphase droht, ist das Eindringen von Fäulnisbakterien, die in den meisten Arten als krankmachend anzusehen sind. Nach *Schuler* kann der erste Kontakt mit diesen pathogenen Keimen nicht nur zum Ausbruch einer Krankheit (nekrotisierende Enterocolitis) führen, sondern auch zum Tode, wenn das Kind vorher nicht gestillt worden war und der Schutz durch das in der Muttermilch enthaltene Immunglobulin A nicht gegeben ist. *Schuler* schreibt hierzu: »*Die Bedeutung der normalen Schutzflora gegenüber bakteriellen Infektionen kann also – und dies nicht nur bei einem Säugling – nicht hoch genug eingeschätzt werden.*«

In der Regel entwickelt sich in der 3. Phase der Besiedelung die Flora eines »Mischköstlers«, d.h. wir finden Magen, Duodenum, Jejunum relativ keimfrei, im Ileum erste Lactobazillen und Enterokokken, in den unteren Abschnitten des Ileums noch Bifidobakterien, Bacteroides, Clostridien und andere, im Dickdarm hauptsächlich Bifidobakterien, Bacteroides, Eubakterien, Clostridien, Bacterium coli und andere.

Einen genauen Überblick gibt uns die Tabelle von *Dr. Schuler*, entnommen aus dem Buch »Physiologie und Pathologie der Intestinalflora«.

Die Intestinalflora (Bakterien des Verdauungstraktes) des Mischköstlers

1.	Magen – bei 90 % der Bevölkerung Helicobacter pylori	
1. a.	**Duodenum, Jejunum**:	keimfrei bis keimarm
2. a.	**Ileum**, proximale Abschnitte:	
	Lactobazillen	+ – ++
	Enterokokken	+ – ++
2. b.	**Ileum**, distale Abschnitte:	
	Lactobazillen	+++
	Enterokokken	+++
2 c.	**Ileum**, terminaler Bereich	
	Lactobazillen	++++
	Enterokokken	+++
	Bifidobakterien	++ – +++
	Bacteroides	++ – +++
	Eubacterien	++ – +++
	Clostridien	+ – ++
	andere	++
3.	**Colon**	
	Bifidobakterien	++++
	Bacteroides	+++++
	Eubakterien	++++
	Clostridien	++
	anaerobe Kokken	++
	Enterokokken	++

Streptokokken	++
Escherichia coli	++
andere Enterobakt.	+

+ = selten vorkommend
++ = regelmäßig in geringer Keimzahl vorkommend
+++ = regelmäßig in hoher Keimzahl vorkommend
++++(+) = regelmäßig in Keimzahlen > 10 hoch 10 vorkommend

Wie die meisten Arbeiten zum Thema Intestinalflora zeigen, basieren sie auf der Grundlage eines sich »normal« ernährenden Menschen in Mitteleuropa und Nordamerika. Leider gibt es keine umfassenden Untersuchungen von Menschen, die sich über Jahre von der »Norm« abweichend ernährt haben, so z. B. makrobiotisch, vegetarisch, vegan oder ausschließlich mit Rohkost oder einer anderen Kostform. Über kurzfristige diätetische Veränderungen und deren Auswirkungen auf die Mikroflora des Verdauungssystems haben wir genügend Informationen, teils aus eigener Arbeit, teils von Untersuchungen anderer. Ethnologische Studien zeigen nämlich, daß die Flora des Verdauungssystems sehr stark von Ernährungsgewohnheiten und vom Lebensumfeld abhängig ist. Ob also die Mikroflora des sogenannten Mischköstlers als Normflora bezeichnet werden kann, wagen wir nach unseren Erkenntnissen zu bezweifeln. Dieser Aspekt wird uns daher noch vielfach im Laufe dieses Buches beschäftigen und vor allem heute bekannte Behauptungen über Normflora, Fehlflora und Verdauungsmilieu in Frage stellen.

Schließen wir das Thema ab, indem wir, nachdem wir die Flora des Darmes dargestellt haben, anschauen, welche Keimarten in den anderen Abschnitten des Verdauungstraktes leben. Wir zählen lediglich die wichtigsten Keimarten auf, ohne weitere Kommentierung.

Die Bakterienflora des Mund-Rachenraumes:

Lactobazillus acidophilus, casei, brevis, buchneri, plantarum, fermenti, Diplostreptokokken,

Hauptgruppe A = pathogene Streptokokken

Hauptgruppe B = anaerobe Streptokokken

Ösophagus und Magen sind keimfrei

Dünndarm und Dickdarmflora siehe oben

Perianalflora: Bacteroides, Bifidobakterien, Enterobakterien und Enterokokken.

Wer die Vielzahl der Keime betrachtet und die Bedeutung der einzelnen Arten für das Leben des Menschen, wird wenig Verständnis dafür haben, daß diesem Phänomen in der Medizin so wenig Beachtung geschenkt wird. Im März 1991 bezeichnete *Prof. Dr. Ludwig Demling* die Darmflora des Menschen als »vergessenes Organ«. Er resümierte: »*Die Darmflora ist weitaus wichtiger, als lange Zeit angenommen wurde.*«

Kapitel 3
Eubiose – Dysbiose

Wie in vielen anderen Bereichen der Medizin gibt es auch bei der Erforschung der Darmflora Pioniere, die durch eigenes Erleben oder Zufallsentdeckungen Erkenntnisse gewinnen konnten, die auch heute noch Gültigkeit haben. Unermüdliches Forschertum hat viel Licht ins Dunkel gebracht. Darum sollen hier drei Pioniere stellvertretend für viele andere vorgestellt werden – auch deshalb, weil sie den Begriff Dysbiose prägten oder neu definierten. Es sind dies *Prof. Dr. med. Alfred Nissle* (1874 – 1965), *Dr. Edward Bach* (1886 – 1936) und *Prof. Dr. P. G. Seeger* (1904 – 1991).

Prof. Nissle beobachtete im ersten Weltkrieg, daß Soldaten, bei denen ein ganz bestimmter Colistamm im Dickdarm vorhanden war, von Ruhr und anderen Darminfektionen verschont blieben. Durch diese Erkenntnis angeregt, erforschte er über viele Jahre die Zusammenhänge zwischen Darmflora und Krankheiten, erkannte die Notwendigkeit der Symbiose zwischen Mikroorganismus und Makroorganismus zum beiderseitigen Nutzen und prägte 1929 zum erstenmal den Begriff der Dysbakterie, der heute durch das Wort Dysbiose abgelöst wurde.

Weiterhin erkannte er in seinem unermüdlichen Wirken, daß die Dysbakterie die häufigste Ursache von Immunschwäche ist, und betrieb durch das von ihm entwickelte Präparat *Mutaflo*r erstmalig eine gezielte Immuntherapie. Er erkannte aber auch weiterhin, daß ein Zustand der Dysbakterie, wie aber auch die Eubiose als »Normalzustand« nicht allein an der quantitativen Bestimmung bestimmter Keimarten festgemacht werden darf, denn auch die Interaktionen mit dem Wirtsorganismus müssen miteingeschlossen werden.

Für uns bedeutet Eubiose einen Zustand optimaler Symbiose lebenswichtiger Keime in einem störungsfreien stoffwechselaktiven Milieu zu beiderseitigem Nutzen.

In Symbiose zu leben ist ein Geben und Nehmen, ein unumstößliches Naturgesetz, das die Grundlage für gesundes Leben schafft. Denken Sie an die vielen nützlichen Helfer im fruchtbaren Boden, die es ermöglichen, gesunde, vitalstoffreiche Pflanzen hervorzubringen.

Dysbiose ist demnach ein Mißverhältnis zwischen apathogenen und pathogenen Keimen als Ausdruck eines stoffwechselgestörten immungeschwächten Systems.

Jede Krankheit geht mit einer Dysbiose einher, eine Dysbiose ist immer krankmachend. Dysbakterie, so wie *Nissle* sie verstanden hat, kann ein Zustand sein, der nur unter bestimmten Voraussetzungen krankmachend wirkt, aber auf Dauer niemals zu tolerieren ist.

Als Vater der wissenschaftlich fundierten Analyse von Darmbakterien und der gezielten Symbioselenkung betrachten wir *Edward Bach*, der in unserer Zeit eine Wiederentdeckung durch seine Blütentherapie erfährt. Dieser hochsensible Arzt und geniale Forscher war vor der Entdeckung seiner 38 »Bachblüten« ein angesehener Bakteriologe und Homöopath. Im Rahmen seiner bakteriologischen Arbeiten in seiner Londoner Praxis und an der Universität klassifizierte er in den Jahren 1918 – 1920 die beeindruckende Vielfalt der im menschlichen Darm vorkommenden Organismen durch Zuordnung zu bestimmten Gruppen, indem er ihr Fermentierungsverhalten auf Zucker beobachtete. Er teilte sie schließlich in sieben Hauptgruppen ein:

1. Proteus
2. Dysenterie
3. Morgan
4. Faecalis alkaligenes
5. Coli mutabile
6. Gaertner
7. Nr. 7

(entnommen aus: Edward Bach von Nora Weeks)

Aus diesen sieben Stämmen entwickelte er nun Vakzine (Impfstoffe), die er seinen Patienten verabreichte. Überrascht über die positive Wirkung seiner Vakzinetherapie stürzte er sich methodisch in die Arbeit. Er entwickelte ein Testverfahren, welches ihm ermöglichte, die im Darm des jeweiligen Patienten vorherrschende Bakteriengruppe festzustellen, und verabreichte dann entweder eine Eigennosode oder eine polyvalente Nosode – eine Verfahrensweise, die auch heute noch praktiziert wird, wie wir später noch sehen werden. *Bach* erzielte mit dieser Methode so großen Erfolg, daß er seine Forschungsarbeiten veröffentlichte und viele Nachahmer fand. Weiter beschäftigte ihn die Frage, welche Rolle die Ernährung auf die Flora des Darmes ausübt. Nach umfangreichen Studien kam er zu folgendem Ergebnis (Zitat Nora Weeks): »*Im Verlauf dieser Untersuchung gelangte er zu der Erkenntnis, daß ungekochte Lebensmittel wie Früchte, Nüsse, Getreide und Gemüse die gesündeste Kost seien, da sie die Menge der im Darm produzierten Giftstoffe senken.*«

Bachs Arbeiten sind so erkenntnisreich und genial, daß ich jedem, der sich dafür interessiert, empfehlen möchte, sie eingehendst zu studieren. Die wichtigsten Publikationen sind:

The Problem of Chronic Disease 1927

Chronic Disease: A Working Hypothesis 1926

An Effective Method of Combating Intestinal Toxaemia 1928

An Effective Method of Preparing Vaccines for Oral Administration

Die Arbeiten sind erschienen in »The Medical World«.

Während *Nissle* und *Bach* mit ihren grundlegenden Arbeiten die Auswirkungen einer Fehlflora, also einer Dysbiose, auf den menschlichen Organismus erkannt haben und Wege aufzeigten, wieder einen eubiotischen Zustand herzustellen und damit vielen chronisch Kranken helfen konnten, beschäftigte sich *Prof. Dr. Seeger* mit den Auswirkungen einer Dysbakterie auf die Zellentartung und somit der Krebsentstehung. Ein ganzes Forscherleben lang verfolgte *Seeger* nur ein Ziel: Die Ursachen von Krebs zu erkennen und ein wirkungsvolles Behandlungskonzept zu entwickeln. Die in seinem Buch »Krebs – Problem ohne Ausweg« vorgestellte 10-Wege-Therapie ist heute in der biologischen Krebstherapie wegweisend und wird von seinem Schüler *Hans-Detlef Wolf* im Institut für biologische Medizin und angewandte Ernährungstherapie praktiziert. So schreibt *Seeger* in seinem Buch u. a.: »*Therapeutische Versuche zwangen zu dem Schluß, daß die durch Dysbakterie des Colons produzierten toxischen Produkte krebserregend wirken. Die Dysbakterie ist Schrittmacher des Krebses, und sie wirkt synergistisch mit anderen karzinogenen Ursachen.*«

Jüngere Arbeiten bestätigen inzwischen die Erkenntnisse von *Seeger*. So vertritt *Schuler* die Auffassung, daß bestimmte Clostridienarten zur Steroidtransformation befähigt sind und damit ursächlich an der Entstehung diverser Krebsarten beteiligt sind. Wir können diese Überlegungen nur bestätigen. Die in unserem Institut gemachten Erfahrungen bei Krebspatienten zeigen eindeutig, daß wir keine Chance haben, erfolgreich bei Krebspatienten zu arbeiten, wenn es uns nicht gelingt, den Darm zu sanieren. Die in den Jahren 1989 – 1991 behandelten Krebspatienten zeigten alle eine mittelschwere bis schwere Dysbakterie. In einer Anzeige der Firma *Luphar* heißt es: »Die Wurzel des gesunden Lebens liegt im Darm.« Recht hat sie!

Kapitel 4

Aufgaben der Intestinalflora

Ob die Flora des Verdauungstraktes für den Menschen von Nutzen ist, war lange umstritten. Nachdem aber immer mehr Forschungsarbeiten die Notwendigkeit der Symbionten für den Organismus beweisen, ebbt diese Diskussion zunehmend ab. Bevor wir uns anschauen, welche Aufgaben und Funktionen bestimmte Keime erfüllen, wollen wir uns kurz vor Augen führen, was geschähe, wenn nach der Geburt keine Flora angesiedelt würde. *Glimstedt* und *Kludas* haben untersucht, was sich im Organismus verändert bei steril aufgezogenen Tieren. Zusammenfassend kamen sie zu folgenden Resultaten:

1. Jedes 7. Tier erreichte eine Lebensdauer von nur 30 – 60 Tagen.
2. Alle Tiere waren untergewichtig.
3. Das gesamte lymphatische System ist auf ¼ des Totalgewichts normaler Tiere reduziert.
4. Allen Lymphgeweben fehlen die sogenannten Keim- und Reaktionszentren.
5. Lymphatische Strukturen des Darmes sind makroskopisch nicht mehr zu erkennen.
6. Lymphozyten im Blut und Gewebe sind stark vermindert.
7. Die Leber hat ein kleineres Gewicht.
8. Gamma-Globuline im Serum sind vermindert.
9. Die Fruchtbarkeit ist herabgesetzt.
10. Biotin, Vitamin K und die B-Vitamine konnten nicht mehr gebildet werden.

Es fällt auf, daß die Intestinalflora in enger Beziehung zum Lymphsystem steht. Eigene Beobachtungen bestätigen, daß sogenannte lymphatische Erkrankungen, wie Tonsillitis (Mandelentzündung), Sinusitis (Nebenhöhlenentzündung), Otitis media (Mittelohrentzündung), chronische Bronchitis, Zahnbeherdungen, Appendicitis (Wurmfortsatzentzündung), allergische Diathese und Morbus Hodgkin (Lymphdrüsenkrebs) in enger Beziehung zum Darmwandlymphaticum stehen und mit einer Blockierung dieses Lymphaticums einhergehen.

Die Wiederherstellung der Normflora und die Entgiftung des Lymphaticums führt dann zum Abheilen der oben aufgeführten Krankheiten. Darmsanierung und Lymphtherapie sind somit kohärente Maßnahmen zur Gesundung.

Die eigentliche Aufgabe der Darmbakterien läßt sich in drei Hauptaktionen einteilen.

1. Stoffwechselaktivität
2. Synthese von Vitaminen
3. Entgiftung

Die Stoffwechselaktivität der Intestinalflora

Die mit der Nahrung aufgenommenen Nährstoffe müssen, damit sie vom Körper aufgenommen werden können, abgebaut, zerlegt und umgewandelt werden. Hierzu stellt der Organismus eine Vielzahl von Enzymen bereit, die diese Aufgabe übernehmen.

Doch dies allein reicht nicht aus, hier sind nun die Bakterien des Verdauungstraktes gefordert. So vergären z.B. das Bacterium saccharolytyricus und das Streptococcus gigantes Kohlenhydrate wie Zucker, Dextrine, Pektine, Hemicellulose und Cellulose.

Das Bacterium verrucosus vergärt z.B. Eiweiß. Das bedeutet also, daß Darmbakterien die von den Darmsäften nicht gespaltenen Nahrungsstoffe zerlegen. Sie überführen das für den Darm unverdauliche Substrat in lösliche Verbindungen. Sie selbst gewinnen bei diesem Abbau Energie und Baustoffe. Neben den oben erwähnten Keimen sind noch andere wichtige Keimarten zur Verstoffwechselung von Nährstoffen aktiv.

Der Lactobazillus acidophilus vergärt ebenfalls Zucker zu Milchsäure, wovon die L(+)-Milchsäure (aufgenommen) für die Körperzellen stoffwechselaktivierend wirkt, während die Zellatmung hemmende D(-)-Milchsäure, zwar resorbiert (aufgenommen), aber sofort mit dem Urin ausgeschieden wird. Bifidobakterien bilden in der Hauptsache physiologische L(+)-Milchsäure und Essigsäure. Die im Magen nicht verdauten Bindegewebe, Muskelfasern, Kaseingerinnsel, Hülsenfrüchte und Enzyme der Darmsäfte werden durch die Bakterienenzyme des typischen Fäulniserregers Bact. putrificus zersetzt. Dies hat allerdings zur Folge, daß Fäulnisprodukte wie Ammoniak, Indol, Skatol, Kresol, Porphyrin und Schwefelwasserstoff auftreten, was zu einer Belastung der Leber führen kann, da diese Stoffe dort chemisch zu ungiftigen Substanzen umgewandelt werden müssen.

Synthese von Vitaminen

Die Bildung von Vitamin K ist erst möglich, wenn sich Colibakterien im Darm angesiedelt haben. Nach *Lienhop* vermag das anaerob wachsende Clostridium butyricum erhebliche Mengen von Pantothensäure, Nikotinsäureamid, Riboflavin und geringe Mengen Folsäure zu synthetisieren. Lactobacillus acidophilus, Lactobacillus casei und Lactobacillus fermenti synthetisieren Vitamin B_{12}.

Colibakterien bilden Vitamin B_1, Pantothensäure, Vitamin B_6, Vitamin H und Folsäure. Enterokokken bilden bloß Vitamin B_6. *Prof. Kollath* vertrat sogar die Ansicht, daß Darmbakterien die Funktion der Vitaminzufuhr durch die Nahrung ersetzen können – eine interessante Überlegung, die auch die leidige Diskussion um das Vitamin B_{12} beenden würde, in der allgemein immer noch die Auffassung vertreten wird, daß es von außen mit der Nahrung zugeführt werden muß. Eigene Beobachtungen zeigen, daß auf die Zufuhr von Vitamin B_{12} über die Nahrung verzichtet werden kann, wenn eine stabile Darmflora vorhanden ist.

Entgiftung

Wie wir oben gesehen haben, fallen gerade beim Verzehr tierischer Lebensmittel im Darm hochtoxische Stoffwechselprodukte an, die sich in drei Kategorien aufteilen lassen.

1. basische Substanzen:	Ammoniak, Methylamin, Dimethylamin, Trimethylamin, Indol, Skatol, Triptamin, Histamin, Putreszin und Cadaverin.
2. Säuren	Milchsäure, Essigsäure, Propionsäure, Buttersäure, Capronsäure, Bernsteinsäure, aromatische Oxysäuren, Phenol, o- und p-Kresol, Porphyrin.
3. schwefelhaltige Stoffe:	Schwefelwasserstoff, Mercaptane.

Um diese Substanzen zu »entgiften«, verfügt der Darm über zwei Schutzmechanismen.

1. Fermente der Darmwandzellen
2. Fermente des Bacterium coli

Da pathogene Keime diese Fermente nicht besitzen, kommt es bei einer Dysbiose infolge des Überhandnehmens pathogener Keime zu einer Selbstvergiftung im Darm mit nachfolgender intestinaler Autointoxikation. Eine gesunde Darmflora hemmt die Toxinbildung, indem sie das Wachstum pathologischer Keime unterdrückt.

Kapitel 5

Normbefund – Pathologischer Befund – Ausscheidungsbefund

Wie schon beschrieben, lassen sich Eubiose und Dysbiose äußerst schwer definieren, weil sie nicht allein davon abhängig sind, ob nun bestimmte Keime zuviel oder zu wenig vorhanden sind. Grundsätzlich gilt: Wer krank ist, besitzt in den meisten Fällen eine Dysbiose, wer eine Dysbiose hat, muß sich aber nicht zwangsläufig krank fühlen. Liegt also ein dysbiotischer Befund vor, gehört bei der Beurteilung des Befundes immer auch die Gesamtsituation des Patienten dazu.

Sein Beschwerdebild hilft die Bedeutung des pathologischen Stuhlbefundes im Krankheitsprozeß richtig einzuordnen. Natürlich wird die bei einer Routineuntersuchung festgestellte Dysbiose immer prophylaktisch mitbehandelt. Leider gibt es in der Literatur unterschiedliche Auffassungen, wann es sich um einen Normbefund und wann es sich um einen krankhaften Befund handelt, sieht man von Pilzbefunden und Fremdkeimbesiedelungen ab. Gehen wir zurück auf die quantitative Bestimmung der Keimarten, orientieren wir uns an dem von der Gesellschaft für Mikrobiologie und biologische Qualitätsprüfung vorgegebenen Normbereich. Das bedeutet für die wichtigsten Keimarten:

	Normbereich
E. coli	$10^6 – 10^7$
E. coli-Varianten	$10^2 – 10^5$
Enterobacteriaceae	$10^2 – 10^5$
Enterococcus	$10^6 – 10^7$
Pseudomonas	$10^2 – 10^4$
Bacillus	$10^2 – 10^4$
Staphylococcus	$10^2 – 10^4$
Bacteroides	$10^8 – 10^{10}$
Clostridium	$10^2 – 10^6$
Lactobacillus	$10^5 – 10^7$
Candida	bis 10^2
Geotrichum	$10^2 – 10^4$
andere Mikroorganismen	$10^2 – 10^4$

Die Auseinandersetzung, wann ein Stuhlbefund pathologisch ist, hat viele Autoren in der Literatur beschäftigt. Nach *Rusch* können die althergebrachten bakteriologischen Diagnosen »Eu- und Dysbakterie« nicht wie bisher in dem Sinne interpretiert werden, daß Eubakterie = Gesundheit und Dysbakterie = Krankheit bedeutet. Der Schwerkranke kann nämlich eine Scheinbakterie haben, während Gesunde, zum Beispiel bei einer regenerativen Fastenkur, eine schwere Dysbakterie aufweisen können, ohne krank zu sein. Nicht erfaßt ist nämlich die Beziehung Darmschleimhautzellen – Bakterientapete, die normale Bakterien enthalten kann, während die pathogenen in das Darminnere abgestoßen werden. *Kolb* führt diese Ausscheidungsreaktion darauf zurück, daß die Ansiedelung hochwertiger antigenarmer Symbionten auf der Schleimhaut zu einer Verdrängung und vermehrten Ausscheidung degenerierter oder unphysiologischer Bakterien führt, was von *Zabel* und *Spiller* bestätigt wird, die mit zunehmender klinischer Besserung nach ernährungstherapeutischer Behandlung eine Verschlechterung des bakteriologischen Stuhlbefundes feststellen konnten.

Es gilt also immer anhand der Anamnese, der Eßgewohnheiten und des sozialen Milieus zu prüfen, welcher Stellenwert dem entsprechenden Befund beizumessen ist, um Fehlinterpretationen und Fehltherapien zu vermeiden.

Kapitel 6
Intestinale Autointoxikation

Unter intestinaler Autointoxikation verstehen wir eine Selbstvergiftung des Organismus über den Darm. Bei einer vorhandenen Dysbiose fallen sehr häufig Substanzen an, die die Ausscheidungs- und Entgiftungsmechanismen des Darmes überfordern. Sie treten dann in die Blut- und Lymphbahn über und müssen nun in der Leber entgiftet werden, um über die Nieren ausgeschieden zu werden.

Bei den im Darm anfallenden hochtoxischen Stoffwechselprodukten haben wir, wie bereits oben erwähnt, drei Kategorien unterschieden, nämlich basische Substanzen, Säuren und schwefelhaltige Stoffe. An zwei Beispielen soll nun das Prinzip der intestinalen Autointoxikation vorgestellt werden. Dazu verwenden wir die Eiweißabbauprodukte Indol und Ammoniak.

Indol ist ein bakterielles Abbauprodukt der Aminosäure Tryptophan. Normalerweise wird Indol in der Leber entgiftet und kann im Urin nur in Spuren als indoxylschwefelsaures Kalium nachgewiesen werden. Besteht nun eine starke Darmfäulnis und wird dadurch die Leber belastet, kann Indikan vermehrt im Urin nachgewiesen werden. *Spiller* führte 1987 eine Untersuchung an 237 Neurodermitis-Patienten durch, um den Zusammenhang zwischen Fäulnisprozessen im Darm und Neurodermitis zu klären. Das Ergebnis war signifikant. 73,5 % hatten Indikan im Urin dreifach positiv, 14 % zweifach positiv und 12,5 % einfach positive bis negative Werte.

Nach dreiwöchigem Fasten und 10 wöchiger veganer Rohkost änderte sich das Ergebnis wie folgt: 7,6 % dreifach positiv, 18,2 % zweifach positiv und 74,2 % einfach positiv bis negativ.

Eine Fäulnisflora, kombiniert mit alkalischem Mileu, verhindert die quantitative Ausscheidung von Ammoniak über den Darm. Folglich kommt es zur Resorption von Ammoniak über die Darmwand und damit zu einer Belastung der Leber in ihrer Entgiftungsfunktion. Wir haben dann einen Zustand der intestinalen Autointoxikation. Auch hier legt *Spiller* eindrucksvolles Untersuchungsmaterial vor.

Die von *Spiller* in den Jahren 1989 – 1991 im Laboratorium für diagnostische Mikrobiologie in Berg durchgeführten 312 bakteriologischen Stuhluntersuchungen ergaben bei 149 den Befund einer intestinalen Autointoxikation durch Resorption von Ammoniak. Das sind rund 48 % der Stuhlproben. Ammoniak muß in der Leber zu Harnstoff entgiftet werden, was immer eine erhebliche Belastung der Leber darstellt. *Schuler* fordert daher mit Recht: *»Die Reduktion der Fäulnisflora auf das absolute Minimum ist also die Voraussetzung für die Aufrechterhaltung normaler Floraverhältnisse.«*

Kapitel 7

Das Overgrowth-Syndrom

Haben wir uns bisher fast ausschließlich mit der Fehlbesiedelung des Dickdarms befaßt, müssen wir nun einen Blick auf den Dünndarm werfen. Allerdings muß vorausgeschickt werden, daß es sehr viel schwieriger ist, eine exakte Analyse der Dünndarmflora vorzunehmen, da der Dünndarm nicht direkt zugänglich ist. Rückschlüsse aus der Stuhlanalyse des Dickdarms auf die Leitflora des Dünndarms zu ziehen, ist oft sehr gewagt, denn die Lactobazillen sind äußerst milieuempfindlich und werden im Stuhlröhrchen beim Transport zerstört. Nur ein erfahrenes Institut kann hier zu zuverlässigen Aussagen kommen. Die häufigste Fehlbesiedelung im Dünndarm stellt das sogenannte Overgrowth-Syndrom dar, d.h. Bakterien des Dickdarms wandern hoch in den Dünndarm und zersetzen dort meist unter heftiger Gasbildung lebenswichtige Nahrungsbestandteile. Ein erfahrener Diagnostiker wird sich bei der Diagnosestellung Overgrowth-Syndrom eher an typischen Symptomen orientieren als am Stuhlbefund. Symptome des Overgrowth-Syndroms können nach *Schuler* sein:

- chronisch durchfällige Stühle
- Zwerchfellhochstand
- Völlegefühl
- Blähungen
- Blähbauch
- Mundgeruch (Foetor ex ore)
- Disaccharidintoleranz (Milchzucker-, Rohrzuckerunverträglichkeit)

Wenn neben dem Hauptsymptom chronisch durchfällige Stühle noch mindestens zwei andere Symptome passen, kann man mit Sicherheit von einem Overgrowth-Syndrom sprechen. Beim Overgrowth-Syndrom kommt es nicht nur zu heftiger Gasbildung, sondern die vom Dickdarm hochgewanderten Keime bekommen Zugriff auf wichtige Vitalstoffe der Nahrung, die dann dem Körper nicht mehr zur Verfügung stehen. Oft beobachten wir das Overgrowth-Syndrom nach radikalen Ernährungsumstellungen z. B. auf Rohkost, ohne daß vorher die Dysbiose beseitigt wurde und die enzymatische Leistung des Verdauungssystemes überprüft wurde. Die Folgen sind radikaler Gewichtsverlust bis zu Untergewicht, Verschlimmerung der schon vorher bestehenden Beschwerden, Lymphreaktionen aufgrund der zunehmenden Toxämie und Nierenversagen. Hierüber berichtete schon der amerikanische Arzt *Dr. John H. Tilden* vor ca. 80 Jahren in seinem Buch »Mit Toxämie fangen alle Krankheiten an«. Eine Sanierung des Dünndarms verlangt andere Cautelen (Bedingungen) als beim Dickdarm. Eine Dysbiose des Dünn- und Dickdarms, eine Situation, die immer häufiger vorkommt, stellt wiederum andere Anforderungen an den Therapeuten.

Kapitel 8
Fremdkeimbesiedelung

Unter Fremdkeimbesiedelung des Darmes verstehen wir das Auftreten von in der Regel pathogenen Keimen, die entweder gar nicht im Intestinaltrakt vorkommen oder nur in unbedeutender Menge. Voraussetzung für eine Fremdkeimbesiedelung ist immer eine gestörte Kolonisationsresistenz, d.h. die Widerstandsfähigkeit des intestinalen Mikrosystems gegenüber Fremdkeimen ist herabgesetzt.

Als erster entdeckte *Prof. Nissle* dieses Prinzip 1916, als er bei Soldaten entdeckte, daß bei Vorhandensein eines intakten Ökosystems im Darm keine Ruhr und andere Darminfektionen auftraten. Heute sind in unserer Zivilisation dank entsprechender hygienischer Maßnahmen Ruhr, Cholera und Typhus weitgehend ausgerottet, doch treten hin und wieder, bedingt durch verdorbenes Essen, Salmonelleninfektionen auf, die bei entsprechend geschwächten Menschen auch heute noch zum Tode führen. Doch das ist nicht das Thema, das uns hier beschäftigen soll. Heute müssen wir uns mit anderen Phänomenen auseinandersetzen, nämlich mit der chronischen Störung der Mikroflora durch Fremdkeime. Dazu gehören vor allem Klebsiella, Enterobacter, Pseudomonas, Staphylococcus aureus, Peptostreptokokken, Proteus, andere Streptokokken, aerobe Sporenbildner, enteropathogen wirkende Viren und E. coli-Stämme. Diese Fremdkeime verursachen unter anderem heftige Blähungen, wäßrige Stühle und chronische Durchfälle. Gerade Viren treten in den letzten Jahren gehäuft auf und bedürfen unseres besonderen Augenmerks. Neben Norwalk-, Adeno-, Calici- und Coronaviren fiel in den letzten Jahren das Hauptaugenmerk auf Rotaviren, da sie reiswasserartige Durchfälle bei Säuglingen und Kleinkindern verursachen. Erwachsene werden dagegen bevorzugt vom Norwalkvirus befallen (*H. D. Brede*).

Das Risiko einer Fremdkeimbesiedelung steigt, wenn die anaeroben Keimgruppen Bifidobakterien und Bacteroides reduziert sind.

Das folgende Beispiel einer bakteriologischen Stuhluntersuchung im Laboratorium für diagnostische Mikrobiologie »*Dr. Schuler*« soll das oben Aufgeführte belegen.

Patientin G. B. 66 J.

Diagnose: Energielosigkeit, Untergewicht, Blähungen, dünner Stuhl, faulig riechend.

Bifidobakterien:	nicht nachweisbar
Lactobazillen:	stark reduziert
Bacteroidesgruppe (saccharolytisch):	leicht reduziert
andere Bacteroidesarten:	nicht nachweisbar
Eubacterium aerof.:	normal
andere Eubacterien:	leicht vermehrt
Clostridium perf.:	normal
Clostridium cocl.:	deutlich vermehrt
Clostridium innocuum:	leicht vermehrt
andere Clostrid.:	leicht vermehrt
Peptostreptokokken:	deutlich vermehrt
Enterokokken:	deutlich vermindert
andere Streptok.:	stark vermehrt
E. coli:	deutlich vermindert

Candida:	nicht nachweisbar
aerobe Sporenbild.:	deutlich vermehrt

Beurteilung des Labors: »*Bei der Stuhluntersuchung wurde eine desolate Dickdarmflora festgestellt.*«

Wir sehen hier neben der deutlichen Verminderung der Leitflora (Bifidobakterien und Bacteroides) hauptsächlich das Auftreten der Fremdkeime Streptokokken, Peptostreptokokken und Sporenbildner. Der Grund, warum die Patientin in die Behandlung kam, war die über Jahre anhaltende Energielosigkeit.

Kapitel 9
Mykosen

Man kann schon fast ironisch sagen: in der Medizin ist eine neue Ära angebrochen, »Das Zeitalter der Mykosen«. Nachdem viele Infektionskrankheiten ihren Schrecken verloren haben, werden wir nun beherrscht von Pilzen und Viren. Darmpilz, Scheidenpilz, Fußpilz, Nagelpilz, Hautpilz, Mundpilz, Blasenpilz und Lungenpilz sind die Diagnosen der Neuzeit. Das, was sich lange Jahre als Segen medizinischen Fortschritts abzuzeichnen begann, nämlich der Einsatz von Antibiotika bei Infektionen, die Empfängnisverhütung durch die Pille und die Chemotherapie, erweist sich heute als böser Fluch. Hinzu kommt die miserable diätetische Ausbildung von Ärzten und Heilpraktikern. Daß sich Viren und Pilze in unserem Organismus austoben können, hat immer hausgemachte Ursachen, ist meist iatrogen (durch ärztliche Behandlung verursachte Schäden) bedingt oder die Folge unsachgemäßer Ernährung oder beides. Es hat keinen Sinn, die Dinge zu beschönigen, denn dafür steht zuviel auf dem Spiel. Harmlose Virus- und Pilzinfektionen können sich zu einem tödlichen Spiel entwickeln. Unkenntnis führt immer wieder zur Verharmlosung der Befunde, nicht selten kostet es das Leben des Patienten. 46 % meiner bakteriologischen Stuhluntersuchungen ergeben einen Befall des Darmes mit Pilzen. 34 % dieser Patienten haben eine systemische Mykose, d.h. einen Befall anderer Organe mit Mykosen. Gehirn, Lunge, Niere, Gelenke, Scheide und Blase sind am häufigsten betroffen. Die häufigste Mykose, die wir finden, ist die Candidamykose, verursacht durch Candida albicans. Sie wird nicht nur am häufigsten diagnostiziert, sondern verursacht die schwerwiegendsten Probleme, wie ein Artikel in »Medizin Aktuell« 4/91 beschreibt. Es heißt dort u. a.: »*Bei abwehrgeschwächten Personen können Pilze der Gattung Candida im Rahmen einer Fungämie in den Gelenkbereich eindringen und eine Infekt-Arthritis auslösen. Beobachtet wurden Candida-Arthritiden bisher bei Personen, die entweder an einer schweren Grunderkrankung litten oder deren Immunsystem durch Medikamente geschwächt war. Bei diesen Patienten wurden die Pilze entweder nach einer Candidasepsis oder nach einer transienten Fungämie (Pilzbefall des Blutes) in den Gelenkbereich verschleppt, wo sie einen langsamen, aber progredienten (fortschreitenden) Destruktionsprozeß auslösten.*«

Candida albicans ist ein weitverbreiteter Sproßpilz. Zur Familie gehören noch:

- Candida brumptii
- Candida guilliermondi
- Candida intermedia
- Candida krusei
- Candida parapsilosis
- Candida psudotropicalis
- Candida stellatoidea
- Candida tropicalis
- Candida zeylanoides
- Geotrichum candidum

Besonders häufig sind Candidosen der Schleimhäute und des Verdauungssystems.

Symptome einer ständigen Candidamykose können sein:

- ständige Müdigkeit
- Reizbarkeit
- unklare Gedanken
- Konzentrationsschwäche
- allgemeine Unzufriedenheit
- heftiges Verlangen nach Süßem
- Blähungen
- Juckreiz
- Nesselsucht
- Infektanfälligkeit
- Depressionen
- allergische Reaktionen
- belegte Zunge
- Nahrungsmittelunverträglichkeit
- häufiger Harndrang

Generell setzt jegliche Störung des Immunsystems die Hemmschwelle für das Pilzwachstum herab. Die häufigsten Gründe für diese Störungen des Immunsystems sind einmal der Einfluß der Antibiotika, die Anti-Baby-Pille, Hormonpräparate überhaupt, die heutige Zivilisationskost, Amalgam, Pestizide sowie Streßfaktoren und seelische Belastungen.

Der Sproßpilz kommt häufig, allerdings nur in geringer Keimzahl im Verdauungstrakt und anderen Schleimhäuten gesunder Menschen vor, wobei sich oftmals ein Gleichgewicht zwischen Hefen und Bakterien in den wirtseigenen Sekreten einstellt. Trotz seiner Verbreitung gehört dieser Keim n i c h t zur physiologischen Flora des Menschen. Er hat im Darm nichts zu suchen!

Besonders im gynäkologischen Bereich tritt dieser Pilz als krankmachender Faktor immer häufiger in Erscheinung. Es ist bekannt, daß etwa 25 % aller Frauen ständig oder zeitweise an vaginaler Candidose leiden und daß dieser Prozentsatz bei Schwangeren auf 40 % ansteigt. Hierin liegt auch der Hauptgrund, warum Neugeborene schon sehr früh Candidasporen aufnehmen, weil sie beim Geburtsakt mit Candida aus dem Vaginalbereich der Mutter kontaminiert werden.

Tritt nun eine Schwächung der Abwehrlage ein, kann der Pilz die Schleimhäute durchbrechen und über Blut- und Lymphweg einen Organbefall hervorrufen. Diesen Organbefall bezeichnen wir als Organmykose oder als Systemmykose.

Systemmykosenbegünstigende Faktoren sind:

1. die durch die hormonelle Umstellung bei Schwangeren verursachte oder durch den Gebrauch der »Pille« hervorgerufene Veränderung der Vaginalflora.
2. Zerstörung des mikrobiologischen Gleichgewichts durch Behandlung mit Antibiotika.
3. Behandlung mit Immunsuppressiva, also die Abwehr unterdrückende Medikamente, Zytostatika; Immunschwäche bei Krebs, AIDS, Diabetes und anderen Krankheiten.

Vom klinischen Standpunkt unterscheiden wir eine temporäre, eine latente und eine ständige Mykose. Der Pilznachweis allein genügt oft nicht zur Diagnosestellung.

Auch bedeutet Darmmykose nicht automatisch Organmykose. Ebenso muß ein negativer Stuhlbefund nicht beweisen, daß keine Mykose vorliegt. Nur eine umfassende Diagnostik aus Stuhlanalyse, Candida-Serologie, Speichel- und Urinanalyse sowie Elektroakupunktur nach *Voll* ergeben gesicherte Daten.

Bei Verdacht auf eine Systemmykose sollte immer ein zelluläres Immunprofil angefordert werden. In Gegenwart eines intakten Immunsystems, einer physiologischen Darm- und Vaginalflora, ist das Vorhandensein weniger Candidazellen als beinahe harmlos anzusehen, weil der Organismus sie im Zaum hält. Es erscheint jedoch zwingend notwendig bei akuten und auch chronischen Verdauungsstörungen, Hauterkrankungen und anderen therapieresistenten Zuständen an eine krankhafte Besiedelung der Darmschleimhaut mit Candida albicans zu denken. Pathogene Hefen, die sich im Verdauungstrakt angesiedelt haben, sind stets eine Gefahr für das Wohlbefinden des gesamten Organismus, da sich neben der Schwächung der Abwehr auch allergische und toxische Reaktionen einstellen können. Pilze können ein hochpotentes Agens (Verursacher) sein und allergische Reaktionen vielfältiger Art induzieren. Außerdem bildet Candida albicans Fuselalkohole, die zu einer erheblichen Schädigung der Leber führen können. Begünstigt wird das Wachstum von Candida besonders durch isolierte Kohlenhydrate wie Industriezucker, Weißmehl und daraus hergestellte Produkte. Durch diese nähr- und faserstoffarme Ernährung wird der pH-Wert des Darmes verändert.

Pilze bevorzugen ein alkalisches Milieu. Durch Frischkost und milchsauer eingelegtes Gemüse wird dieses Milieu pilzfeindlich. Außer auf Trockenfrüchte, die wegen ihrer konzentrierten Süße gemieden werden sollen, kann sonst auf sämtliche pflanzliche Lebensmittel zurückgegriffen werden.

Selbst der tägliche Streß in unserem Leben favorisiert Candida albicans, denn durch konstante Stimulation der Nebennieren wird der Körper mit biologischen Steroiden (Hormone) überflutet, woraus im Endeffekt eine Immunsuppression (Unterdrückung des Abwehrsystems) resultiert. Sind die natürlichen Barrieren einmal gefallen, kann der Pilz wuchern und sich in eine bedeutend gefährlichere parasitäre Pilzbesiedelung umwandeln, die dann in Fadenpilzform lebende Gewebe durchdringt und sich dort ausbreitet. Wurzelähnlich durchdringt er die Schleimhaut des Verdauungstraktes und schüttet dabei Stoffwechselgifte in den Blutkreislauf aus. Auf diese Weise gelingt es den Candidazellen, unterschiedliche Reaktionen hervorzurufen. Wie oben schon beschrieben, sind die Symptome einer Candidamykose vielfältig:

- Allergien
- Migräne
- Gelenkschmerzen
- Depressionen
- Verwirrtheit
- Gefühl der Unwirklichkeit
- Verlust der Libido (Sexualtrieb)
- akute und chronische Verdauungsbeschwerden
- Neurodermitis
- periorale Ekzeme
- Psoriasis
- Rosacea
- Meteorismus (Blähsucht)
- Blähungen
- Wechsel von Durchfall und Obstipation (Verstopfung)

- Zwerchfellhochstand
- Sodbrennen
- Koliken im Bauch
- Nahrungsmittelunverträglichkeit
- u. v. m.

Zusammenfassung

Wir haben gesehen, welche Vielfalt von Mikroben sich in unserem Körper wohlfühlt und in einer lebenswichtigen Symbiose mit uns lebt zu beiderseitigem Nutzen. Die Aufrechterhaltung einer Eubiose ist daher eine wichtige Voraussetzung für die Gesunderhaltung unseres Organismus. Das Kippen des ökologischen Darmsystems mit all seinen möglichen dysbiotischen Erscheinungen stellt immer eine Gefahr für unsere Gesundheit dar. Früher oder später kommen wir aus dem Gleichgewicht, und erste Krankheitssymptome treten auf, die, wie wir am Beispiel der Candidamykose gesehen haben, im schlimmsten Fall zum Tode führen kann. In der Regel jedoch lassen sich Dysbiosen jeglicher Art gut austherapieren.

Auf der anderen Seite hinterläßt die Definition Normflora gemischte Gefühle, da sie sich an den Besiedelungsverhältnissen eines »Mischköstlers« orientiert. Wir wissen heute, daß die sogenannte Mischkost eine krankmachende Ernährungsform darstellt und gerade Dysbiosen begünstigt. Normflora und pathogene Flora müssen heute mit anderen Kriterien gemessen werden, die in diesem Buch noch beschrieben werden. Der Aufbau der Flora unseres Verdauungssytems und die spätere Erwachsenenflora hängen von vielen Faktoren ab, die noch einmal stichwortartig aufgeführt werden:

Positive Einflüsse	Negative Einflüsse
Spontangeburt	Kaiserschnitt
physiologische Scheidenflora der Mutter	pathogene Scheidenflora der Mutter
Stillkind	Flaschenkind
Pflanzenkost	Zivilisationskost
keine Schadstoffbelastung	Schadstoffbelastung
natürliche Medikamente	chemische Medikamente
soziales Milieu harmonisch	Streß, soziale Konflikte
Lebensbejahung	Lebensverneinung

Teil II

Einleitung

Nachdem wir uns im ersten Teil sehr umfassend mit der Flora des Verdauungssystems auseinandergesetzt haben, betrachten wir nun andere wichtige Elemente unseres Intestinalbereiches, die im direkten Zusammenhang mit der Mikroflora stehen. Wir sprechen Teilbereiche an, die von sehr großer Bedeutung sind, aber leider oft unterschätzt werden.

Daß Symbionten überhaupt in unserem Verdauungssystem leben können, hängt in erster Linie von einem für sie günstigen Milieu ab, das sie sich einerseits selbst schaffen, andererseits von exogenen Faktoren abhängig ist. Hierbei spielen vor allem die Verdauungssäfte eine bedeutende Rolle. Außer dem Milieu sind auch die Enzyme zu beachten, die ebenfalls Einfluß auf das Ökosystem des Darmes haben, wie aber auch umgekehrt. So können bestimmte Enzyme nur aktiv sein, wenn sie die nötige Unterstützung von Darmkeimen erfahren.

Zum dritten wird die Bedeutung der Ernährung innerhalb dieses Gesamtsystems untersucht; ein Kapitel, dem aufgrund seiner Wichtigkeit breiter Raum zugeordnet werden muß.

Und zu guter Letzt wird hervorgehoben, daß der Darm unser größtes Immunorgan ist. Damit dieses System überhaupt funktionieren kann, müssen Mikroorganismen eine Fülle von Aufgaben verrichten. Defekte in diesem System haben weitreichende Folgen für unseren Organismus. Ein gesunder Darm gewährleistet ein intaktes Immunsystem, ein kranker Darm schwächt das Immunsystem, so daß ein banaler Schnupfen mit dem Ökosystem Ihres Darmes mehr zu tun hat, als Sie vielleicht ahnen.

Kapitel 10

Die Bedeutung des pH-Wertes für die Intestinalflora

Unter pH-Wert verstehen wir den Gehalt an Wasserstoffionen einer Substanz. Er zeigt die saure, neutrale oder alkalische Reaktion einer Lösung an. Ein pH-Wert von 7,0 wird als neutral, Werte darunter werden als sauer, Werte über 7,0 als alkalisch bezeichnet. In unserem Organismus herrschen unterschiedliche pH-Werte vor. So liegt z. B. das Blut bei 7,35 – 7,45, der Urin zwischen 4,9 und 7,8 , der Magensaft bei 1,77 und die Dünndarmflüssigkeit bei 8,0. Für uns sind hauptsächlich die Werte der Verdauungssäfte und einzelner Abschnitte des Intestinums (Verdauungssystems) von Bedeutung. Der Speichel des Mundes hat im Tagesdurchschnitt einen pH-Wert von 6,9. Dieser Wert ist sehr abhängig von dem, was an Speisen und Getränken aufgenommen wird. So alkalisieren Kaffee, Zucker und Fleischwaren den Speichel in kürzester Zeit, während Obst und Frischgemüse den Speichel eher im sauren Milieu halten.

Dies zu wissen, ist nicht ganz unerheblich, hat doch das Milieu des Mundes und des Rachens einen bedeutenden Einfluß auf die Mund-Rachenflora. Im leicht sauren Milieu gedeihen in erster Linie physiologische Keime wie die Familie der Lactobazillen. Im alkalischen Bereich überwuchern vor allem Streptokokken, höchst aggressive Keime. Sie sind an Erkrankungen wie Angina, Scharlach und Diphtherie beteiligt.

Der Magen ist aufgrund seines extremen sauren Mileus von 1,7 so gut wie keimfrei. Trotzdem spielt die Produktion des Magensaftes eine Rolle für die Dünndarmflora.

Sowohl bei Subazidität (Untersäuerung) wie auch bei Hyperazidität (Übersäuerung) kommt es zu einer Beeinträchtigung der Darmflora. Bei mangelhafter Sekretion besteht nach *Gläsel* die Gefahr, daß Coli und andere Keime aus den unteren Darmabschnitten im Dünndarm hochwandern. Die Folgen sind ein Overgrowth-Syndrom. Wird zu viel Magensaft produziert, bewirkt dies Durchfälle, weil der starke chemische Reiz der Säuren auf die Schleimhaut eine Beschleunigung der Dünndarmperistaltik verursacht.

Der in den Dünndarm übertretende Magensaft besitzt einen pH-Wert von 1,5 – 2,5, folglich ist auch das Milieu des Duodenums extrem sauer. Im unteren Duodenum (Zwölffingerdarm) bis Jejunum (Leerdarm) ändert sich der pH-Wert von 3,2 – 5,0, um im unteren Teil des Ileums (Dünndarm) und Colons (Grimmdarm) bis Coecums (Blinddarm) 7,0 – 8,0 zu erreichen. Im Colon herrscht in der Regel ein Milieu um 8,0 vor. Diese in der Literatur gefundenen Werte stellen wir allerdings in Frage. Denn ein alkalisches Milieu von 8,0 ist der beste Nährboden für Fäulnisbakterien. Wir teilen hier uneingeschränkt die Auffassung von *Schuler*, der einen pH-Wert von ca. 5,8 im Dickdarm als normal ansieht. Diese hohen Angaben kommen wiederum wahrscheinlich dadurch zustande, daß ernährungsbedingt alkalische Stuhlbefunde vorgefunden und daher als »normal« angesehen werden.

Berücksichtigt man die Tatsache, daß Bifidobakterien als Leitflora des Dickdarmes zur Säuerungsflora gehören und Bifidobakterien im Normbefund vorkommen müssen, kann das Milieu des Dickdarmes nicht alkalisch sein. Einen weiteren Beweis für unsere Überlegungen geben die Arbeiten von *Schuler*. Er gibt anhand von zwei Beispielen eine deutliche Aufklärung.

Wir zitieren aus seinem Buch »Physiologie und Pathologie« der Intestinalflora:

»Die Enzymsysteme der putriden Flora (Fäulnisflora) arbeiten am effektivsten bei pH-Werten über 6, 5, während bei tieferen pH-Werten die Enzymaktivität deutlich nachläßt, u. U. sogar gänzlich aufhört.

Ammoniak ist bei pH-Werten über 6,5 zum überwiegenden Teil in Form von freiem Ammoniak vorhanden. Liegt der pH-Wert unter 6,0, so liegt das Ammonium überwiegend in Form schwer fettlöslicher Ammoniumsalze vor. Solche schwer fettlöslichen Verbindungen werden schlecht resorbiert und zum großen Teil mit den Faeces ausgeschieden.«

Weiterhin gilt es zu bedenken, daß bestimmte Keime der Fäulnisflora in der Lage sind, Gallensäure chemisch so zu verändern, daß daraus krebserzeugende Substanzen entstehen. So läßt sich abschließend generell festhalten. Je mehr das Milieu im Dickdarm zum Alkalischen tendiert, um so größer ist die Gefahr der Ausbreitung von Fäulniskeimen mit den Auswirkungen der intestinalen Autointoxikation (Selbstvergiftung des Darmes) und der Krebsbildung. Rufen wir uns noch einmal in Erinnerung:

»Der Tod sitzt im Darm.«

Kapitel 11

Beziehungen des Bacterium coli zum Redox-Potential

Anhand der Erläuterungen des pH-Wertes haben wir die große Bedeutung des Milieus für die Intestinalflora (Bakterien des Verdauungstraktes) und damit auf den ganzen Menschen erkannt. Die Milieufrage kann aber nicht anhand des pH-Wertes geklärt werden, sondern wir müssen uns auch mit dem schwierigen Thema Redox-Potential und Redoxsystem auseinandersetzen. Da unsere biochemischen Kenntnisse bei weitem nicht ausreichen, hier fehlerfrei Stellung zu beziehen, greifen wir hauptsächlich auf die 1966 erschienene Arbeit von *Dr. med. et phil. nat. Friedrich F. Sander* zurück, die uns die Firma *Laves* freundlicherweise zur Verfügung gestellt hat. Da *Dr. Sander* heute nicht mehr lebt, glauben wir doch in seinem Sinne zu handeln, wenn wir wesentliche Teile seiner Arbeit zitieren. Die Arbeit wurde 1966 im Heft »Physikalische Medizin und Rehabilitation« veröffentlicht und trägt den Titel: »Welche Beziehungen bestehen zwischen den Colibakterien des Darmes und seinem Redoxpotential?«

Er schreibt dort u. a.:

»Wie der pH-Wert das Verhältnis von Säuren und Basen, richtiger gesagt von H- zu OH-Ionen angibt, analog zeigt uns das Redoxpotential das Verhältnis von oxidierenden zu reduzierenden Stoffen, richtiger gesagt, das Verhältnis zwischen dem negativen und dem positiven Teil eines Redoxpotentials an, wie man es auf elektrischem Wege messen kann. Der Kürze halber sei das Wesen des Redoxpotentials

an dem bekannten Beispiel des Cystin-Cystein-Redoxsystem erläutert, das man abgekürzt schreiben kann als:

$$2\ Cy\ (SH) + O \rightleftharpoons CyssCy + H_2O + Energie$$

Hierbei ist das Cystein [Cy (SH)] wegen seiner Sulfhydrilgruppe (SH) gegenüber dem durch Oxydation entstehenden Cystin (CyssCy) das negative, energieliefernde Glied des Redoxsystems.«

Was bedeutet dies nun in der Praxis? *Prof. Kollath* wies 1950 anhand umfangreicher Messungen von Redoxsystemen nach, daß das Bacterium coli mit –0,421 eine ungewöhnlich hohe negative Spannung aufweist und damit in der Lage ist, den im Darm auftretenden Sauerstoff zu eliminieren, um damit pathogenen Keimen, die für ihren Stoffwechsel Sauerstoff benötigen, die Lebensgrundlage zu entziehen und ein lebensfeindliches Milieu für pathogene Mikroben und Fremdkeime zu schaffen. Diese Sauerstoff-Freiheit im Darm ist für den Organismus von existentieller Bedeutung, da bei Sauerstoff-Freiheit im Darm andere biochemische Reaktionen ablaufen, als bei Sauerstoffanwesenheit. Die Bildung biogener Amine ist eine dieser Reaktionen. Die Hemmung von Enzymen, die biogene Amine abbauen, eine andere. Bei Anwesenheit von Sauerstoff im Darm erlangen Colibakterien eine abnorme Fähigkeit der Peroxidbildung und zerstören so das Vitamin C der Nahrung (*Schröder und Steinhausen*). Darum ist es von großer Wichtigkeit, eine reduktasenreiche Kost (Frischkost) zu sich zu nehmen, wobei der Schwefelgehalt eine gewisse Rolle spielt. Aus Schwefel synthetisieren die Colibakterien Schwefelwasserstoff, wodurch sie die negative Komponente ihres Redoxsystems herstellen.

Wer mehr über die Redoxsysteme erfahren möchte, lese das Buch von *Prof. Kollath*: »Regulatoren des Lebens – vom Wesen der Redox-Systeme«, Haug-Verlag, Heidelberg.

Kapitel 12

»Immunorgan Darm«

Mit über 200 qm Fläche ist der Darm eines der größten Organsysteme unseres Organismus. Eine so große Kontaktfläche nach außen muß zwangsläufig umfassend geschützt werden, damit Fremdstoffe, die mit der Nahrung aufgenommen werden, oder unvollständig abgebaute Nährstoffe nicht in den Körper eindringen können. Um diese Abwehrleistung zu vollbringen, hat sich der Darm zu unserem größten Immunorgan entwickelt, zu einem System, das durch seine Vielfalt und Sensibilität besticht. Zur Aufrechterhaltung dieses Schutzsystems tragen die Keime des Darmes wesentlich bei. Ohne Symbionten wäre der Mensch überhaupt nicht lebensfähig, denn sein Immunsystem würde innerhalb kürzester Zeit zusammenbrechen. Somit steht und fällt die immunologische Leistung unseres Körpers mit dem intakten Verhältnis der Symbionten zum Wirt. Wir haben gesehen, daß beim Neugeborenen noch keine Darmflora vorhanden ist. Sie muß in den ersten Tagen und Wochen nach entsprechenden Gesetzmäßigkeiten aufgebaut werden. Dies bedeutet andererseits für den Säugling, daß sein darmassoziiertes Immunsystem noch nicht komplett ist und damit große Gefahr besteht, durch Erreger infektiös zu erkranken bzw. eine enterale Allergie auszubilden. Daher hat die Natur in der Muttermilch einen Schutz vorgesehen, indem sie einen hohen Anteil an Immunglobulin A enthält. Dieses Immunglobulin A überzieht die Darmschleimhaut wie eine Tapete und bildet somit eine widerstandsfähige Blockade gegen Erreger, Fremdeiweiße und andere Stoffe. *Spiller* schreibt dazu in seiner 1989 veröffentlichten Arbeit: »Die Wahrheit über Kuhmilch« u. a.:

»Lange Zeit hat man sich gewundert, warum gestillte Kinder seltener unter Infekten und Allergien leiden als mit Kuhmilch ernährte Kinder. In den 60iger Jahren hat man nachweisen können, daß Immunglobulin vom Typ A in hohem Maße in der Muttermilch enthalten ist. Dieses Immunglobulin passiert die Magenschranke und bildet einen immunologischen Schutz auf der Darmoberfläche. Außerdem gibt die Mutter über ihre Milch Freßzellen und Lymphozyten an ihr Kind weiter, Zellen, die den Kampf gegen jede Art von Erregern aufnehmen können. Hinzu kommt, daß IgA und Freßzellen in der Lage sind, Nahrungsallergene von der Darmwand fernzuhalten. Kinder, die mit Kuhmilchpräparaten ernährt werden, haben diese Vorteile nicht. Sie sind infektanfälliger, neigen stärker zu Allergien und bauen diesen Schutzfilm nur unzureichend auf der Darmwand auf.«

Dr. med. Konrad Werthmann schreibt ergänzend dazu: *»Ein bedeutender Faktor bei schädlicher Zufuhr von solchen Nahrungsmitteln wie Kuhmilch und Hühnerei und deren Verarbeitung ist außer der Schädigung der Mucosa (Schleimhaut) eine empfindliche Störung des so wichtigen Bakterienrasens auf den Schleimhäuten. Sie tritt bereits dadurch ein, daß den Bakterien, als den lebenswichtigen Symbionten, mit der geschädigten Mucosa der Boden entzogen wird. Auch unter diesem Aspekt ist es dringend geboten, dem kleinen Menschen in den ersten neun Monaten Muttermilch zu geben, damit die Mucosa und die mikrobiellen Symbionten zu einem stabilen Zusammenleben kommen.«* Schäden, die hier gesetzt sind, prägen den Menschen sein ganzes Leben. Nicht zu stillen ist unverantwortlich, industriell hergestellte Babynahrung zu verabreichen ein Verbrechen. *Spiller* hat von 1981 – 1991 mehrere tausend Allergiker untersucht und behandelt. Über 85 % konnten gebessert oder geheilt werden allein durch den Umstand, daß tierische Nahrungsmittel aus der Ernährung eliminiert wurden und der Darm saniert wurde. Bei einer Untersuchung an 1682 an Neurodermitis erkrankten Kindern stellte sich heraus, daß 83 % der Kinder überhaupt nicht oder nur wenige Tage gestillt worden waren. Neben den enorm zunehmenden Allergien leiden viele Kinder unter einer sehr hohen Infektanfälligkeit. Mandelentzündung, Mittelohrentzündung, Bronchitis, Nebenhöhlenentzündungen, Rhinitis u. a. sind die häufigsten Diagnosen, die gestellt werden. Die Medizin macht gewöhnlich Erreger für diese Entzündungen verantwortlich und bekämpft sie mit Antibiotika. Wie töricht! Auch hier ist der eigentliche Geschehensort der Darm, sein assoziiertes Immun- und Lymphsystem, die Dysbiose und das Milieu. *Pasteurs* Aussage: »*Das Bakterium ist alles, das Milieu ist nichts*« gehört zu den größten Irrtümern der Medizin.

Dr. Werthmann hat hier eine schöne Kausalkettenreaktion aufgezeigt, die das oben Beschriebene am eindrucksvollsten verdeutlicht.

»Die erste Generation der Störung betrifft immer den Darm oder einzelne Darmabschnitte. Daraus resultierende Störungen der Histaminausfuhr bilden weitere Organe zu Schwachorganen aus, wie etwa die Nasennebenhöhlen. Dieses Schwachorgan Nasennebenhöhle kann jetzt neuerlich die Lunge (Sinu-Bronchitis), den Darm (Sinu-Colitis) und die harnableitenden Wege (Sinu-Cystitis) stören.«

Darm ——→ Nasennebenhöhlen ——→ Lunge
oder Darm oder Niere;

andere Kausalketten können sein:

Darm ——→ Tonsillen (Mandeln) ——→ Gelenke
oder Herz oder Niere

Darm ——→ Zähne ——→ Niere
oder Leber oder Pankreas oder Gelenke

Darm ——→ Lunge ——→ Herz

Die ersten Lebensmonate entscheiden also, ob Sie eine weitgehend gesunde Konstitution erhalten oder ob Sie kränklich sind. Die Schäden später zu reparieren ist immer schwierig, mühevoll und mit viel Aufwand verbunden. Die beste Krankheitsbehandlung ist nach wie vor die Krankheitsverhütung. Nachdem durch das IgA der Muttermilch ein erster Abwehrmechanismus im Darm aufgebaut wurde, entwickelt sich nun in den nächsten Wochen und Monaten ein sehr komplexes Abwehrsystem, das wir in zwei Hauptgruppen unterteilen können:

1. unspezifische, nicht immunologische Abwehr
2. das darmassoziierte Immunsystem

Zu den unspezifischen, nicht immunologischen Abwehrkomponeten gehören nach *Sonnenborn* und *Greinwald:*

- die wandständige Mikroflora
- die Sekrete der Darmanhangdrüsen

- das saure Milieu des Magens
- die Peristaltik (Muskelbewegung)
- die Filtrationsleistung der Leber
- antimikrobielle Substanzen, wie Lysozym
- Gallensäure und natürliche Antikörper
- Muzin (Schleim)
- Epithel (Zellverband) mit tight junctions (Kittleisten)

Das darmassoziierte Immunsystem besteht nach *Gebbers* und *Laissue* aus:

- Lymphozyten: intraepithelial, in Lymphfollikeln, in der Lamina propria
- Plasmazellen
- Makrophagen (Freßzellen)
- Peyersche Plaques (Immunorgan)
- Mesenteriale Lymphknoten

Die Darmflora bietet nicht nur eine Barriere gegen pathogene Keime, sondern sie stimuliert das darmassoziierte Immunsystem. Das bedeutet:

Ein gut funktionierender Intestinaltrakt bewahrt den Körper vor einer Überlastung mit Antigenen, pathogenen Erregern, Blockaden des Lymphatikums und bietet einen umfassenden Infektionsschutz.

Kapitel 13
Darmflora und Enzyme

Jeder weiß, daß der Genuß gekochter Hülsenfrüchte Verdauungsbeschwerden macht. Hauptsächlich Blähungen und Völlegefühl treten auf. Der Grund liegt in einer mangelnden Enzymleistung der Darmschleimhaut. Hülsenfrüchte enthalten nämlich Oligosaccharide (mittel- bis langkettige Zucker), welche äußerst kompliziert enzymatisch aufgespalten werden müssen. Dadurch, daß die menschliche Darmschleimhaut dieses Enzym nicht zur Verfügung stellen kann, bleiben diese Kohlenhydrate unverdaut im Darm, wo sie von den dort ansässigen Bakterien verstoffwechselt werden. Dieser Abbau führt nun zur Bildung von Kohlensäure, Wasserstoff und Methan. Heftige Gasbildung ist die unvermeidliche Folge. Läßt man jedoch Hülsenfrüchte (solche, die eßbar sind) keimen, verwandeln sich die unverdaulichen Oligosaccharide zu verdaulichen Monosacchariden. Dies geschieht durch die natürliche Enzymtätigkeit der Hülsenfrüchte. Die Umwandlung von Mehrfachzuckern zu Einfachzuckern, der Abbau der Proteine zu Aminosäuren beim Keimprozeß sind enzymatische Vorgänge. Was sind genau Enzyme und welche spielen im Intestinalsystem und in der Nahrung eine Rolle für den Menschen und welche Bedeutung haben sie für die Intestinalflora?

Enzyme beschleunigen als Katalysatoren chemische Reaktionen. Ein Enzym kann jeweils nur eine der für ein Substrat möglichen Reaktionen katalysieren. Wenn bei enzymatischen Reaktionen Elektronen, Ionen oder Molekülgruppen vom Substrat abgespalten oder daran angelagert werden, benötigt ein Enzym Coenzyme. Die Wirksamkeit eines Enzyms ist sehr abhängig vom Milieu. Der pH-Wert spielt hier insofern eine Rolle, als ein bestimmtes Milieu auf die Enzymaktivität hemmend oder aktivierend wirken kann. Das gilt besonders für Verdauungsenzyme, Darmenzyme und Enzyme der Darmflora. So arbeiten die Enzymsysteme der Fäulnisflora optimal bei pH-Werten über 6,5 und reduzieren sich, wenn der pH-Wert sinkt. Die Enzymaktivität einer Fäulnisflora in einem für sie günstigen Milieu hat unter Umständen schwerwiegende Folgen für den Organismus. Die Mikroorganismen können dann von der Gallensäure den Aminosäurenanteil abspalten und nach *Schuler* die dabei entstehenden freien Gallensäuren dehydroxylieren. Als Folge entstehen sogenannte cancerogene (krebserregende) Aromate. Welche umfassenden enzymatischen Leistungen Keimgruppen der Intestinalflora vollbringen, zeigt nebenstehende Übersicht, die wohl hauptsächlich den/die Fachmann/frau interessieren wird.

Tab. H. Haenel und F. K. Grütte. Stoffwechselprozesse der Darmflora. – Die Nahrung 28 (1984) 6/7

Tab. 6. Enzymatische Leistungen von Keimgruppen der Intestinalflora.

I. Hydrolyse
   1. Kohlenhydrate:
      Disaccharide → Monosaccharide (→ bakt. Gärung → H_2-, CH_4-Bildung)
   2. Eiweiß:
      Aminosäuren → NH_3-, H_2S-, H_2-Bildung (Harnstoff → NH_3)
   3. Konjugate mit Glycin (und Taurin):
      Konjugierte Gallensäuren → freie Gallensäuren
   4. Glucuronid-Konjugate:
      Gallenfarbstoffe, Steroide, Chloramphenicol
   5. Sulfat-Konjugate:
      Steroide (Pregnenolon, Corticosteron u. a.)
   6. Amide:
      Sulfonamide und Antibiotika
   7. Glykoside:
      Lanatosid A, k-Strophanthosid, Zellulose und Hemizellulose
   8. Ester

II. Reduktion
   1. Bilirubinabbau
   2. Ketone
   3. Nitrogruppen

III. Dehydroxylierung
   1. Primäre Gallensäuren → sekundäre Gallensäuren
   2. Steroide
   3. Dihydroxyphenylalanin (L-DOPA)

IV. Hydroxylierung
   Nahrungsfett → Hydroxyfettsäuren

V. Decarboxylierung
   1. Aminosäuren → Amine (Histamin, Serotonin, Cadaverin u. a.)
   2. Verschiedene Hydroxybenzoesäuren pflanzlicher Herkunft

VI. Desaminierung
   1. Zyklische Aminosäuren → Scatol, Indol, Cresol u. a.
   2. Harnstoff → NH_3

VII. Demethylierung
   1. Verbindungen mit einer Methoxygruppe:
      Abkömmlinge der Benzoesäure u. a.
   2. Methamphetamin (Pervitin®)
      Imipramin

VIII. Reduktion der Azo-Bindung
   1. Zahlreiche Nahrungsfarbstoffe
   2. Sulfamidochrysoidin (Prontosil®) → Sulfanilamid
   3. Salicylazosulfapyridin (Sulfasalazin®) → 5-Aminosalicylsäure + Sulfapyridin

IX. Spaltung heterozyklischer Ringe
   1. Flavonoide pflanzlicher Herkunft, z. B. Rutin, Cumarin
   2. Wasserlösliche Pyrazolone

X. Aromatisierung
   Steroide und Gallensäuren → Cyclopentanophenanthren (in vitro)

XI. Dehalogenierung
   DDT → DDD
   Weitere bekannte Reaktionen
   Dealkylierung, Oxydation u. a.

Kehren wir zurück zu den Verdauungsenzymen und betrachten wir kurz ihre Aufgaben. Die mit der Nahrung aufgenommenen Kohlenhydrate können nur in Form von Einfachzucker vom Körper aufgenommen werden. Da sie in der Natur meist in Mehrfachverbindungen vorkommen, beginnt durch alpha-Amylase im Mund der Abbau dieser Polysaccharide. Dieses Enzym wird durch den sauren Magen inaktiviert, so daß die weitere Aufspaltung durch die Pankreasamylase erfolgt. Die im Dünndarm lokalisierten Disaccharidasen machen nun die vorzerlegten Kohlenhydrate resorbierbar.

Eiweiße werden im Magen gespalten durch Pepsin und erfahren seinen weiteren Abbau durch die Pankreasenzyme Trypsin, Chymotripsin, Carboxipeptidase und Elastase.

Der Fettabbau setzt im Magen ein durch das Enzym Triglyceridlipase und im Dünndarm nach Emulgierung durch die Gallensäure und Phospholipide durch die Pankreaslipase. *Gläsel* sieht in einer mangelhaften und ungenügenden Ausscheidung von Verdauungssäften und der Schleimhautschädigung den Hauptgrund für die Entartung der Darmflora. Er postuliert: *»Die Dysbakterie ist nicht als Primär- sondern als Sekundärerscheinung anzusehen. Sie ist keine eigene Krankheit, sondern nur die symptomatische Begleit- und Folgeerscheinung einer pathologischen Milieuveränderung im Darmtrakt.«*

Wie wir später noch sehen werden, muß für eine umfassende Darmsanierung häufig mit enzym- und milieuverändernden Präparaten gearbeitet werden, da meist eine Insuffizienz der Verdauungssäfte und somit eine mangelhafte enzymatische Leistung vorliegt. Wenn die Drüsen erst einmal minderwertige Verdauungssäfte liefern, vermögen die

Darmschleimhäute die Nahrung nicht mehr richtig aufzunehmen.

Gleichzeitig kommt es dann auch zu einer Änderung der Bakterienflora mit all ihren Begleit- und Folgeerscheinungen. Enzyme, die wir mit der Nahrung aufnehmen, sind hervorragende Helfer bei der Verdauungsarbeit. Denn die Freisetzung der Enzyme beim Kauprozeß und der Aufspaltung der Speisen hilft, daß die lebensmitteleigenen Enzyme in ihrer Funktion eine optimale Verstoffwechselung gewährleisten. Besonders eiweißspaltende Proteasen in Feigen, Ananas und Papaya spielen hier eine Rolle. Vergessen dürfen wir aber auch nicht die enzymreichen heimischen Lebensmittel wie rohes Sauerkraut, Zwiebeln, Knoblauch oder frische Kräuter. Jedes pflanzliche Lebensmittel enthält Enzyme, doch Vorsicht! Kochen, vor allem mit der Mikrowelle, zerstört jegliche Enzyme. Ebenso ist Salz ein Enzymhemmer.

Spiller und *Wolf* machen sich seit Jahren das Bromelain, ein Enzym der Ananas, in der Krebstherapie zunutze, indem sie die Patienten über einen langen Zeitraum frischen Ananassaft trinken lassen, um somit einer Ödembildung im Gehirn und Gewebe entgegenzuwirken. Gehirnödeme sind eine gefürchtete Komplikation bei bösartigen Tumoren. Sie zeigen auf der anderen Seite aber an, daß der Heilungsprozeß beginnt. Bromelain entwässert das Gewebe und senkt somit die Komplikationsrate in der biologischen Krebstherapie. Von ganz besonderer Bedeutung sind Enzyme, die am Abbau biogener Amine beteiligt sind. Biogene Amine sind zwar lebensnotwendige Stoffe, verursachen aber viele Beschwerden, wenn sie in zu hoher Konzentration im Organismus vorkommen. Die wichtigsten sind:

- Adrenalin
- Dopamin
- Phenyläthylamin
- Noradrenalin
- Putreszin
- Serotonin
- Tryptamin
- Tyramin
- Histamin

Von besonderer Wichtigkeit erscheint uns hier das Histamin. Histamin ist ein Stoff, der an allen allergischen Reaktionen beteiligt ist und Symptome wie Juckreiz, Rötung, Schwellung, Kreislaufkollaps und Herzrasen verursachen kann. Wird nun Histamin mit der Nahrung in erhöhtem Maße zugeführt (die tägliche Aufnahme sollte 10 mg nicht übersteigen), müssen die Enzyme Monoamindioxydase, Diaminoxydase und N-Methyltransferase dieses biogene Amin im Darm inaktivieren und abbauen. Damit dies möglich ist, muß im Darm ein enzymfreundliches Milieu und eine Eubiose herrschen. Sonst besteht die Gefahr, daß diese biogenen Amine pseudoallergische Reaktionen wie Nesselsucht, Migräne oder Depressionen hervorrufen. Diese Enzyme werden nach *Kamsteeg* auch durch Alkohol und Nikotin inaktiviert. Bei einigen Menschen kann es der Fall sein, daß die erwähnten Enzyme gar nicht oder nur mangelhaft vorhanden sind, aufgrund eines genetischen Defekts. Solche Menschen besitzen nur eine geringe Verträglichkeit für biogene Amine. Es sind dies meist hochsensible Allergiker, die selbst während der Stillzeit schon massive Erscheinungen hatten. *Spiller* beobachtete in den letzten Jahren ein dramatisches Zunehmen an

Neurodermitis bei Stillkindern mit zum Teil eklatanten Verlaufsformen. Mehr als 2500 bisher bekannte Enzyme regeln in jeder Sekunde unseres Lebens alle die Abläufe der Veränderung und Erneuerung, die ein Weiterleben erfordert. Enzyme stehen am Anfang und am Ende unserer Existenz (*Dr. Glenk u. Dr. Neu*).

Kapitel 14

Darmflora und Ernährung

Über Zusammenhänge zwischen Ernährung und Darmflora liegt ein umfangreiches, aber auch widersprüchliches Schrifttum vor. Da steht der Mensch auf der einen Seite (*Herder*) als Allesfresser da, während *Graaz* ihn als Frugivoren (Früchteesser) bezeichnet. Nach *Konz* und *Hunzinger* ist er jedoch ein Herbivore (Pflanzenesser), während andere meinen, ihn als Carnivoren (Fleischesser) einordnen zu müssen. Die jeweils angeführten Argumente geben auf den ersten Blick jedem recht, doch wenn wir die Aussagen etwas genauer durchleuchten, bekommen wir sehr bald ein klareres Bild. Und hier hilft uns gerade die Darmflora, die uns unmißverständlich klarmacht, was für ein »Esser« der Mensch zu sein hat.

Wichtige Kriterien zur Beurteilung der artgerechten Nahrung sind:

- die Länge des Darmes im Verhältnis zu seiner Körperlänge
- das Gebiß
- das Enzymsystem
- die Redoxvorgänge im Darm und die Verstoffwechselung der Nahrung
- die durch die arteigene Milch (bei Säugern) angesiedelte Mikroflora

Herbivoren und Frugivoren haben im Verhältnis zu Carnivoren infolge der schlackenreichen Nahrung längere Därme. Während das Schaf als reiner Pflanzenfresser eine

Darmlänge hat, die um das 27fache die Körperlänge übertrifft, begnügt sich der Löwe als reiner Fleischfresser mit dem 3fachen. Der Mensch von *Herder* als Allesesser eingestuft, besitzt einen Darm, der in der Regel die Körperlänge um das 5-7fache übertrifft. Das bedeutet im Vergleich zum Schaf und Löwen: Für reine Pflanzenkost zu kurz und für ausschließliche Fleischkost zu lang. Den Schluß daraus zu ziehen, der Mensch sei nun doch ein Allesesser, halten wir für falsch, denn wir können nicht hingehen und das statistische Mittel errechnen und den Menschen dann als Allesesser abstempeln. Da die Länge des Darmes keine befriedigende Antwort gibt, müssen wir uns anderen Gesichtspunkten zuwenden. Betrachten wir noch einmal die physiologischen Aufgaben des Darmes: Der Darm hat die physiologische Aufgabe der Aufnahme der Nahrungsstoffe zu erfüllen, wobei die Art der Nahrung von entscheidender Bedeutung ist. Die Eigenfermente der Nahrung dienen den Naturprodukten für ihren Stoffwechsel, sie regeln den oxidativen Abbau, ebenso die reduktiven Aufbauprozesse, abgestorbene Gewebe werden durch die Eigenfermente zersetzt bzw. autolysiert. Lebendes und atmendes Nahrungsmaterial stirbt im Magen und Darm ab. Die dann einsetzende Autolyse fördert den Verdauungsvorgang. Die Oxidationsfermente der Nahrung sorgen für die Bindung des mit der Nahrung aufgenommenen Sauerstoffs, so daß eine gesundheitsdienliche Anaerobiose (Sauerstofffreiheit) im Darmlumen (Darminneren) gewährleistet ist.

Die Entwicklung einer normalen Darmflora nach der Geburt ist abhängig von der Art und der Zusammensetzung der Nahrung, dem physiologischen Zustand der Darmschleimhautzellen und den im Darm ablaufenden chemischen Prozessen. Wie wir beim Stillkind gesehen haben, entwickelt sich dort eine Gärungsflora mit Lactobazillen, Bifidobakterien und Colibakterien, während beim Flaschenkind vermehrt Fäulniserreger wie Clostridien auftauchen. Also hat uns hier die Natur schon einen ersten Hinweis gegeben, welche Ansprüche an die Nahrung zu stellen sind, wenn abgestillt wird. Sie verlangt eine Kost, die

1. die Anaerobiose im Darm aufrechterhält,
2. eine Gärungsflora begünstigt und
3. gesundheitsdienliche biochemische Reaktionen fördert.

Wir gehen davon aus, daß der Mensch entwicklungsgeschichtlich ein Früchte-Pflanzenesser ist. *Graaz, Seeger, Kollath* u. v. a. m. teilen ebenfalls unsere Auffassung. Nach *Graaz* und *Seeger* entwickeln sich im Darm bestimmte Darmbakterien (Bifidobakterien, Lactobazillen und Coliflora), wenn der Mensch überwiegend Früchte, Gemüse und Milchprodukte zu sich nimmt. Bei gleichbleibender Ernährung entwickeln sich auch spezifische Symbionten. Bei reiner Kohlenhydratkost herrschen im Dickdarm die Enterokokken vor, bei reiner Fleischkost die Colibakterien, bei gemischter Kost stellt sich ein Gleichgewicht zwischen den beiden Keimarten ein. Um Mißverständnisse zu vermeiden, sei darauf hingewiesen, daß das Bakterium coli sowohl als physiologischer als auch als pathogener Keim vorkommen kann. Nach *Kollath* gibt es 180 verschiedene Colibakterientypen im Darm, wovon eine Anzahl gutartig ist und die Verarbeitung der Nahrung unterstützt. Das Bacterium coli vermag je nach Änderung der Ernährung als säurebildender Gärungserreger oder als alkalierzeugender

Fäulniserreger aufzutreten. Von ausschlaggebender Bedeutung für die Gesunderhaltung des Organismus ist die Aufrechterhaltung einer Anaerobiose im Dickdarm, die von der Art der Nahrung abhängig ist. Während Frischkost und milchsaure Kost sehr reich an Reduktonen, das heißt wasserstoffreich bzw. energiereich ist, und durch Sauerstoffbindung unter Energieabgabe in den energieärmeren Zustand übergeht, wird durch Kochen die Reduktionsfähigkeit vernichtet. Die Kochkost als sogenannte Zivilisationskost schädigt Milieu und Flora des Verdauungstraktes, indem die für bestimmte Bakterien stoffwechselmäßig notwendige Anaerobiose durch Auftreten von Sauerstoff im Darmlumen beseitigt wird. Nach *Kollath* führt das Fehlen sauerstoffbindender Faktoren zur Anwesenheit von Sauerstoff im Darminneren und zu einer Beseitigung der Anaerobiose. Die aeroben Colibakterien wandern deshalb aus den tieferen anaeroben Darmpartien vom Coecum her aufwärts, weil sie im aeroben Milieu bessere Lebensbedingungen finden. Im Darm laufen bei Sauerstoffanwesenheit völlig andere biochemische Reaktionen ab, die sich vor allem auf die Bildung wichtiger biogener Amine auswirken. Die Colibakterien erlangen eine abnorme Fähigkeit der Peroxidbildung und zerstören so das Vitamin C der Nahrung, bei Hypazidität auch noch das Vitamin B_1 und das Nikotinsäureamid. *Stepp, Schröder* und *Morell* konnten nachweisen, daß die Vitamine durch eine minderwertige Darmflora zerstört werden. Durch die heutige »bürgerliche Kost« ist es also möglich, die Darmflora erheblich zu schädigen und nur eine reduktasenreiche Kost enthält anaerobenfördernde Systeme, wobei auch der Schwefelgehalt eine Rolle spielt. Bereits an der Farbe des Stuhles können wir erkennen, ob die Redoxvorgänge im Darm normal verlaufen, d. h. genügend Reduktone in der Nahrung vorhanden sind oder nicht.

Anaerober, gesunder Stuhl hat eine hellgelbe Farbe, weil die Gallenfarbstoffe nur in reduzierter Form vorkommen. Bei pflanzlicher Frischkost bekommt der Kot die charakteristische hellgelbe Farbe des Säuglingsstuhls. Dunkler Stuhl, wie er meistens bei Zivilisationskost vorkommt, ist ein Zeichen für Oxidationsvorgänge im Dickdarm, die durch das Auftreten von Sauerstoff bedingt sind.

Ein Mensch, der sich vegetabil ernährt, hat in der Regel einen Sauerstoffgehalt von 0,8 – 2,6 % im Stuhl, bei Zivilisationskost 18 – 20,6 %. Durch eine denaturierte Kost und durch giftige Noxen in der Nahrung werden nicht nur die Darmbakterien zerstört, sondern auch die Schleimhautzellen des Darmes geschädigt. Dies hat Auswirkungen auf die darmassoziierten Systeme, wie Lymphe und Immunsystem. Die erhebliche Zunahme an enteralen Allergien hat hier ihre Ursache. Viele Ärzte und Wissenschaftler haben diese Zusammenhänge erkannt und veröffentlicht. Doch wie wenig sind diese Erkenntnisse umgesetzt worden! Immer wieder kam der Hinweis, daß Pflanzenkost für den Menschen bekömmlicher ist als Fleisch- oder Zivilisationskost. Ungehört sind diese Stimmen verklungen. Einige Stimmen möchten wir daher wieder in Erinnerung rufen.

Bircher-Benner: *»Eine merkwürdige, noch nicht genug erklärte Tatsache hat sich bei alldem gezeigt, nämlich daß nur Eiweißüberschüsse tierischen Ursprungs gesundheitsschädigend wirken, während pflanzliches Eiweiß keinen Schaden stiftet.«*

A. Comet:	*»Mdme. Veil bestätigt, daß eine gute Ernährung die nötige Bedingung für einen zufriedenstellenden Gesundheitszustand ist; daß in den Industrieländern bestimmte Krankheiten durch einen Überfluß an Nahrung, Alkohol und Tabak entstanden sind und daß Krankheiten das Ergebnis von Konfliktsituationen innerhalb der Gesellschaft sind.«*
Reckeweg:	*»Allgemein gesehen wird durch Fleischgenuß die Giftlage, welche ja die Ursache aller Erkrankungen bildet, mehr oder weniger schwer belastet. Damit werden die Voraussetzungen für Erkrankungen verschiedenster Art überhaupt grundsätzlich geschaffen.«*
H. Leyk:	*»Selbstverständlich sind tierische Milchsäureprodukte, wie Buttermilch und Joghurt verboten, da sie decarboxylierende Bakterien im Colon (Dickdarm) unterstützen.«*
W. Ostertag:	*»Verwenden Sie als Nahrung möglichst viele eßbare Pflanzen aus der freien Natur, die unverseucht, unbehandelt, unzerkleinert, roh und frisch zubereitet sind.«*
M. O. Bruker:	*»Die Schaffung der Mehlkonserve vor 150 Jahren war die Geburtsstunde ernährungsbedingter Zivilisationskrankheiten.«*
W. Kollath:	*»Lebendiges kann nur aus Lebendigem entstehen.«*

Schnitzer: *»Fehler in der Ernährung können nicht ohne Auswirkungen auf das Gleichgewicht des Organismus und damit langfristig auf die Gesundheit bleiben.«*

Leider läßt es sich auch heute noch, trotz vieler Erkenntnisse und wissenschaftlicher Höchstleistungen, schwer nachweisen, wie die Zivilisationskost krank macht, weil der Faktor Zeit eine unbekannte Größe darstellt. So gibt es Gesundheitsstörungen, die auf der einen Seite sehr gut im Zusammenhang mit Fehlernährung gesehen werden können, weil die Auswirkungen innerhalb weniger Jahre auftreten, andererseits glauben wir Krankheitsentwicklungen zu erkennen, wo sich eine Fehlernährung erst nach Generationen bemerkbar macht. Die Dimension Zeit ist hier eine feste Größe, die von der Medizin viel zu wenig in ihre Überlegungen miteinbezogen wird. So haben z. B. Fütterungsversuche bei Tieren in neuester Zeit gezeigt, daß eine chronische Unterversorgung von Mangan erst in der 4. Generation Auswirkungen zeigt. Manganmangel ist übrigens ein ganz markantes Symptom bei allergischen Erkrankungen. Wie wollen Sie nun einem Allergiker verständlich machen, daß die Ursachen seiner Allergie bis zu vier Generationen zurückverfolgt werden müssen? Allergien, mit denen wir in den Praxen zunehmend konfrontiert werden, sind solche Krankheitsprozesse, in denen die tiefgreifenden immunologischen Defekte und Stoffwechselstörungen ihre Ursache darin haben, daß sie über Generationen durch Fehlernährung herbeigeführt wurden. *Anne Calatin* behauptet mit Recht, daß die Allergie nichts anderes ist als der letzte verzweifelte Hilfeschrei eines über Generationen gebeutelten Organismus.

Gebeutelt von zuviel Fleisch, Wurst, Käse, Milch, Zucker, Weißmehl und Industriefetten, gebeutelt durch Zusatzstoffe in der Nahrung, Insektizide, Medikamente, Impfungen und Schwermetallbelastungen. Die Generation unserer Kinder bekommt für unser Fehlverhalten und das unserer Eltern eine böse Quittung präsentiert.

Neurodermitis, Asthma, Heuschnupfen, Pseudokrupp und plötzlicher Kindstod sind die Folgen dieser Entwicklung. Bei der Zahnkaries und dem sogenannten Bottle-Syndrom erkennen wir, daß der Faktor Zeit auch relativ kurz sein kann. 98 % aller 10jährigen Kinder in Deutschland leiden unter Zahnkaries. Täglich werden mehr als über 200 000 Amalgamfüllungen gesetzt. Hier hat es nur wenige Jahre gedauert von der Fehlernährung bis zur Krankheitsentstehung. Einen noch kürzeren Zeitraum konnten wir bei dem sogenannten Bottle-Syndrom beobachten. Hier bekamen kleine Kinder von ihren Müttern gezuckerten Tee im Fläschen als Dauergetränk zur Beruhigung, mit dem Ergebnis, daß die Zähne im Kieferknochen verfault sind und als eitrige Stümpfe beim Zahnen im Mund erschienen. *Milupa*, ein Hersteller solcher Zuckertees, wurde deswegen von vielen Betroffenen angeklagt und vor Gericht gestellt. Natürlich ist auch uns klar, daß bei Krankheitsentstehung multifaktorielle Einflüsse eine Rolle spielen und es sicher falsch ist, alles an der Ernährung festmachen zu wollen. Aber wir selbst haben seit 1981 bei mehreren tausend Patienten immer wieder den Wert einer gesunden Ernährung feststellen können. Wir konnten bei den unterschiedlichsten Krankheitsbildern erst durch eine Ernährungsumstellung und eine Symbioselenkung einen entscheidenden Durchbruch erringen. Deswegen sagen wir auch mit ganz klarer Deutlichkeit, eine Medizin, die in der Behandlung der Krankheiten sowie bei der Verhütung von Krankheiten, den Faktor Ernährung vernachlässigt, ist nur Stückwerk. Darum möchten wir aus unserer Erfahrung einige Krankheiten, die auf dem Ernährungsweg zu behandeln sind, vorstellen, indem wir alphabetisch jedem Buchstaben eine Krankheit zuordnen. Es handelt sich hier auch um Fälle, die von uns dokumentiert wurden und jederzeit einsehbar sind:

Asthma allergica
Morbus Bechterew
Colitis (Dickdarmentzündung)
Depression
Eisenmangelanämie
Fettsucht
Gicht
Herpes
Infektanfälligkeit
Katarrh
Lupus erythematodes
Migräne
Neurodermitis
Ostitis (Knochenentzündung)
Pilzbefall
Quincke-Ödem
Rheuma
Schilddrüsenfehlfunktionen
Tumore
Urticaria
Viruserkrankungen
Wetterfühligkeit
Zöliakie

Interessanterweise werden diese Krankheiten nicht nur durch Fehlernährung bedingt, sondern auch durch dysbiotische Verhältnisse im Darm, wie ein Beispiel verdeutlichen soll. Ein Arbeitskreis um *Hill* hat auf die existierenden Zusammenhänge zwischen Intestinalflora (Bakterien des Verdauungstraktes) und Dickdarmkrebs hingewiesen. Das Risiko, Dickdarmkrebs zu bekommen, nimmt ab, je niedriger der pH-Wert der Faeces ist. Der pH-Wert ist, wie wir oben gesehen haben, abhängig von der Art der Nahrung. Betrachten wir den Korrelationskoeffizienten zur Häufigkeit von Dickdarmkarzinomen in bezug auf unsere Ernährung fällt sogleich auf, daß bei Gemüse, Obst, Nüssen, Kartoffeln und Getreide das Risiko an Dickdarmkrebs zu erkranken, äußerst gering ist, während bei Tiereiweiß und Fett ein deutlich höheres Risiko besteht. Untersuchungen bei Brustkrebs erzielten ähnliche Resultate.

Sehen Sie dazu:
Grafik 1 Dickdarmkrebs und Ernährung, Seite 101
Grafik 2 Brustkrebs und Ernährung, Seite 102

Daher fordern wir eine Ernährungsform, die

1. überwiegend aus pflanzlichen Lebensmitteln besteht,
2. überwiegend frisch, roh und naturbelassen verzehrt wird,
3. frei von chemischen Zusätzen, Spritzmitteln und Schwermetallen ist,
4. weder gentechnisch manipuliert
5. noch bestrahlt wurde und
6. keine Nahrungsimitate beinhaltet.

Wir fordern weiterhin ein Lebensmittelgesetz, das den Verbraucher schützt und nicht den Hersteller sowie das Verbot gesundheitsschädigende Nahrungsmittel in der

Werbung anzupreisen, wie z. B. Coca-Cola, Nutella, Milchschnitte, Fertignahrung, Fast Food u. v. a. m. Der Slogan: »*Fleisch ist ein Stück Lebenskraft*« wurde zum Synonym für viele Zivilisationskrankheiten bis hin zu Krebs.

Frischkost (SonnenKost) verhindert Darmkrebs

Hua Ling, W.; Hänninen, O.: Shifting from a conventional diet to an uncooked vegan diet reversibly alters fecal hydrolytic activities in human. Journal of Nutrition 122, p. 924–930, 1992

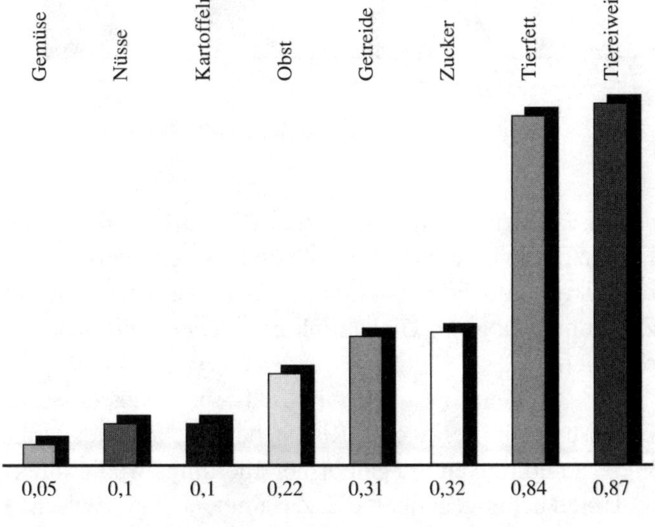

Je höher der Korrelationskoffizient, umso höher das Krebrisiko im Dickdarm

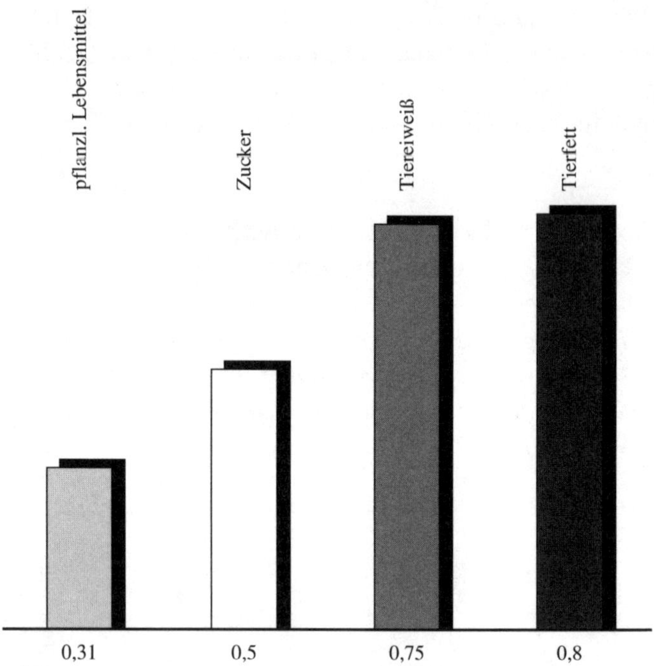

Je höher der Korrelationskoffizient, umso höher das Brustkrebsrisiko

Bei Ernährungsumstellung auf 100 Prozent pflanzliche Frischkost sind bereits innerhalb einer Woche verschiedene mikrobielle Enzymaktivitäten der Darmflora, die in Zusammenhang mit Dickdarmkrebs stehen, entscheidend reduziert.

Seit langem ist bekannt, daß bei vegetarischer Ernährung ein geringeres Risiko besteht, an Dickdarmkrebs zu erkranken. Es gab bisher allerdings wenig direkte Untersuchungen über die Zusammenhänge zwischen der Kostform und der Menge an krebserregenden Stoffwechselprodukten der Darmflora. Die Autoren untersuchten daher, wie sich unter Einfluß von reiner Frischkost die Aktivität mikrobieller Enzyme verändert, die die Freisetzung toxischer bzw. krebserregender Stoffe im Darm katalysieren. Folgende Enzyme wurden bestimmt: β-Glukuronidase, β-Glukosidase, Urease und Choloylglycinhydrolase. Außerdem wurde der Gehalt von Phenol und p-Kresol im Blut sowie ihre Ausscheidung über den Urin erfaßt. Beide Substanzen sind mikrobielle Abbauprodukte der Darmflora, die durch Rückresorption in die Blutbahn gelangen. Sie werden spezifisch von Bakterien produziert, die für den Darm schädigend sind.

Untersucht wurden 18 Männer und Frauen im Alter zwischen 19 und 69 Jahren, die sich normalerweise mit konventioneller Mischkost ernähren. Neun Personen erhielten für einen Monat eine Versuchskost, die neben großen Mengen an Sprossen, z. B. aus Buchweizen, Sonnenblumenkernen und Getreide, auch Samen, Nüsse, Algen, verschiedene Gemüsesorten sowie Obst enthielt. Ein Großteil der Lebensmittel war milchsauer vergoren. Die Versuchskost enthielt etwa doppelt soviel Ballaststoffe und dreimal soviel mehrfach ungesättigte Fettsäuren wie die Normalkost. Im zweiten Monat kehrte die Versuchsgruppe zu ihrer normalen Ernährungsweise zurück, die die Kontrollgruppe während des ganzen Untersuchungszeitraumes verzehrte. Nach der einmonatigen Untersuchungsphase waren die Aktivitäten der darmschädigenden Enzyme um 33–36 Prozent erniedrigt. Nach Rückkehr zur gewohnten Ernährung stiegen die Aktivitäten innerhalb von zwei Wochen wieder auf die Ausgangswerte an. Die ebenfalls signifikant gesunkenen Phenol- und p-Kresol-Werte in Blut und Urin erhöhten sich erst wieder nach vier Wochen.

Bei der Kontrollgruppe konnte keinerlei Veränderung der Werte festgestellt werden.

Die verminderte Enzymaktivität im Darm führen die Autoren hauptsächlich auf den hohen Ballaststoffgehalt (45g/Tag) der Versuchskost zurück. Dieser hätte wahrscheinlich über den Einfluß auf die Zusammensetzung der Darmflora und die Transitzeit des Stuhls direkte Auswirkungen auf die Stoffwechselaktivität der Mikroorganismen gehabt. Untersuchungen anderer Autoren haben diese Beobachtung bestätigt. Auch der hohe Anteil an milchsauer vergorenem Gemüse könnte positive Effekte auf das Darmmilieu ausgeübt haben. Um das verringerte Dickdarmkrebsrisiko bei hoher Ballaststoffaufnahme genauer beschreiben zu können, seien noch detailliertere Untersuchungen nötig, so die Autoren. Diese sollten ebenfalls mit Ballaststoffen im natürlichen Verband durchgeführt werden, da diese andere Auswirkungen auf die Darmflora hätten, als isolierte Ballaststoffe.

Da Aufklärung mehr denn je not tut, empfehlen wir die Richtlinien der natürlichen Gesundheitslehre, die von der Lebenskunde e. V. in 2863 Ritterhude, Stendorfer Str. 3, angefordert werden können.

Zusammenfassung

Die Entwicklung der Mikroorganismen wird durch vielfältige Faktoren reguliert.

Zu diesen Faktoren zählen:

- Temperatur
- Feuchtigkeit
- Redoxpotential
- Partialdruck von Sauerstoff und Kohlendioxid
- pH-Wert
- osmotischer Druck
- exogene und endogene Nährstoffquellen
- Gallensäuren
- Immunglobuline
- Lysozym
- Peristaltik
- Beeinflussung der Mikroorganismen untereinander.

Während der pH-Wert Enzymaktivität und Wachstumseffizienz reguliert, sorgt das Redoxpotential für die optimale Ausnutzung der energiereichen Nahrung. Die Enzyme helfen, vielfältige Prozesse zu metabolisieren. Das Immunsystem des Darmes schützt vor Infektionen und Allergien, es ist die bedeutendste Barriere unseres Körpers. Doch dies alles steht und fällt mit der Ernährung. Die Auswahl der Lebensmittel ist von entscheidender Bedeutung für die Gesunderhaltung des Biotops Darm.

Gesunde Nahrung = Gesunder Darm = Gesunder Mensch!

Teil III

Einleitung

Nachdem wir in Teil 1 und 2 Aufbau und Aufgaben der Intestinalflora erörtert haben, heißt es nun, sich Gedanken zu machen, wie ein Ungleichgewicht der Darmkeime diagnostiziert und behandelt werden kann. Wie am Anfang des Buches schon besprochen, stießen wir zuallererst auf die Frage, woran eine gesunde bzw. kranke Darmflora gemessen wird. Die Normflora anhand eines »Allesessers« zu definieren, halten wir für falsch, da unsere Erfahrungen gezeigt haben, daß bei Krankheiten und Beschwerden jedweder Art Pflanzenkost heilend und regenerierend wirkte, während sogenannte Mischkost die Krankheitsbilder wieder verschlechterte. Weiterhin haben wir gesehen, daß keine Symbioselenkung auf Dauer zu einem positiven Ergebnis führte, wenn nicht gleichzeitig eine Ernährungstherapie in unserem Sinne durchgeführt wurde. Drittens mußten wir mühsam lernen, Ausscheidungsbefunde von pathologischen Befunden zu unterscheiden. Oft erlebten wir die Situation, daß wir einen relativ geringfügig veränderten Stuhlbefund vorliegen hatten, um nach mehrwöchigen Therapien einen »katastrophalen« Befund zu erhalten. So gibt es Patienten, die unter einer massiven Darmmykose leiden, die Pilze aber im Stuhl nicht ausscheiden. Dann kann es natürlich sehr schnell zu Fehldiagnosen kommen, wenn man nicht noch andere diagnostische Hilfsmittel benutzt.

Besonders irritiert hat uns die unterschiedliche Betrachtensweise derer, die Stuhlbefunde analysieren und befunden. Hier hat jedes Labor seine »Lieblingsbakterien«, denen es besondere Aufmerksamkeit schenkt und dieses in der Analyse besonders berücksichtigt. Oft geht eine ganzheitliche Betrachtungsweise verloren und leitet den Therapeuten fehl. Irritierend fanden wir auch, wenn mikrobiologische Institute hauseigene Medikamente zur Symbioselenkung anbieten. Hier besteht die Gefahr der Einheitsbefundung und Unbeweglichkeit im therapeutischen Denken. Wir stellen uns vor, daß die Beurteilung von Stuhlbefunden einheitlich, ganzheitlich und wertfrei sein sollte, um dem Therapeuten die Möglichkeit einer wirklichen individuellen Behandlung zu eröffnen. Es besteht unseres Erachtens noch eine zu große Distanz zwischen mikrobiologischem Institut, Hersteller von Symbiontenkulturen und Praktikern. Es wäre höchste Zeit, einen Arbeitskreis zu gründen, wo sich diese Kräfte vereinigen zum gegenseitigen Gedankenaustausch, zu fruchtbarer Zusammenarbeit und zum Wohle der Patienten.

Hervorragendes wurde in den letzten Jahren auf dem Gebiet der Diagnose und Therapie dysbiotischer Verhältnisse im Organismus geleistet, und die in diesem Buch genannten Personen, Firmen, Institute und Gesellschaften haben sich ganz besonders bewährt und hervorgetan. Ohne sie wäre dieses Buch nicht möglich geworden.

Kapitel 15

Wie erkenne ich eine gestörte Intestinalflora?

Wir stellen folgende Anforderungen zur Diagnostik eines gestörten Ökosystems im Intestinum (Verdauungssystem):

1. **Umfassende Anamnese (Krankengeschichte)**
2. **Visuelle, palpierende und auskultierende Untersuchung**
   - Mundschleimhaut
   - Zungendiagnostik
   - Tastbefund Bauch
   - Auskultationsbefund
3. **Ernährungsanamnese**
4. **Beschaffenheit des Stuhlgangs**
   - Geruch
   - Farbe
   - Aussehen
   - Konsistenz
   - Menge
   - Häufigkeit der Stuhlentleerungen
   - Formen der Obstipationen (Verstopfungen)
   - Formen der Durchfälle
   - Wechsel zwischen Obstipation und Durchfällen
   - Verdauungsrückstände
5. **Mikrobiologische Untersuchung**
6. **Weiterführende Untersuchungen**
   - Parasiten
   - Blut

- Enzymdiagnostik
- Immundiagnostik
- Serologische Untersuchungen, z. B. Candida-Antititer

7. **Bioelektronische Meßmethoden**
   - Elektroakupunktur nach *Voll*
   - Vegatest
   - Bioelektronische Funktionsdiagnostik
   - Energetische Terminaldiagnostik
   - Computer-Segmentelektrografie
   - u. a. m.

8. **Differentialdiagnostische Maßnahmen**
   - Röntgen, Sonografie, Serologie etc.

1. Umfassende Anamnese

Zu jeder Erstuntersuchung gehört eine umfassende Anamnese. Lebens- und Eßgewohnheiten müssen hinterfragt werden, ebenso das berufliche und soziale Umfeld.

Die Krankenanamnese kann schon sehr klare Hinweise auf ein gestörtes Verdauungssystem geben, auch anhand von Symptomen, die nicht verdauungsspezifisch sind. Denken Sie z. B. an unreine, grobporige Haut, Akne, Furunkulose, Körpergeruch, Foetor ex ore (Mundgeruch), Zahnfleischbluten, Zahnverfall, Zahnbeherdung, Infektanfälligkeit, Vaginal-, Haut- und Nagelpilze, ständige Müdigkeit und geistige Trägheit.

Besonders auf Konflikt- und Streßsituationen ist zu achten, da *Meng, Partala, Bernhardt* und *Knoke* 1984 in einer Arbeit den Beweis erbringen konnten, daß sich unter bestimmten Streßsituationen die Darmflora verändert. Im Stuhl trat nach drei Wochen eine Verminderung der aeroben Keime auf, was sich vor allem bei den Coliformen widerspiegelt, während die Anaerobier vermehrt sind. So kann in manchen Situationen das Einregulieren der gestörten Darmflora allein durch die Reduzierung von Streßfaktoren erreicht werden.

Wir müssen uns davon frei machen, den Darm als isoliertes System zu betrachten. Wir müssen den ganzen Menschen erfassen und begreifen, damit wir seine Einzelteile in Funktion und Dysfunktion verstehen. Je ganzheitlicher wir denken und arbeiten, um so befriedigender werden die Resultate unseres Tuns sein.

2. Visuelle, palpierende und auskultierende Untersuchungen

Dieses Thema kann nicht besprochen werden, ohne auf zwei bedeutende Ärzte hinzuweisen, nämlich *Dr. Franz Xaver Mayr* und seinen Schüler *Dr. Karl Schmiedecker*.

Beide haben in der Darmdiagnostik und Darmtherapie ihr Lebenswerk gesehen und Erkenntnisse vorgestellt, die auch heute noch ihre Gültigkeit haben. Wir können daher jedem, der tiefer in diese Materie einsteigen will, nur empfehlen, die Bücher dieser Ärzte zu studieren. Sie erkannten z. B. allein über die Bauchform, welche Probleme im Darm vorherrschen. Sie definierten folgende Bauchformen:

1. *normaler Bauch* – Übergang von Brustkorb in den Bauch ist stufenlos, im Stehen befindet sich die Vorwölbung des normalen Bauchs oberhalb der Verbindungslinie beider Darmbeinstacheln. Durch die Weichheit der Bauchdecke wird um das Dünndarmkonvolut eine Rinne gebildet.
2. *schiefer Bauch* – Durch das Herabsinken des Darmes wird die Rinne um das Dünndarmkonvolut seichter.

Im unteren Dünndarmabschnitt finden höhere Zersetzungsvorgänge statt.

3. *entzündlicher Kahnbauch* – Eingeweide werden nach oben verlagert, der Bauch ist empfindlich, die Bauchdecke hart und gespannt.
4. *entzündlicher Kotbauch* – Vorwölbung um den Nabel, vermehrte Fäulnis im Darm. Der Bauch ist hart und teils druckempfindlich.
5. *schlaffer Kotbauch* – Stadium der Lähmung (Erschlaffung) und Verkotung der Eingeweide. Bauchwand wölbt sich im unteren Anteil. Fäulnisvorgänge im Darm. Bauchdecke weich, nicht mehr druckempfindlich
6. *Gasbauch* – Verursacht durch übertriebene Gärungsvorgänge. Gefahr einer Vergiftung des Körpers mit minderwertigem Alkohol (Fusel).
   Bauch klingt beim Beklopfen wie eine Trommel, links heller, rechts dumpfer.
7. *Gaskotbauch* – Vorwölbung des gesamten Bauches bei Gärungs- und Fäulnisvorgängen. Meist bei schlecht gekauter Kost.

(Darstellungen entnommen aus dem Buch von Dr. Karl Schmiedecker sen.: »Zeichen der Gesundheit«, Verlag Neues Leben.)

Die Auskultation des Bauches gibt uns in erster Linie Auskunft über die Peristaltik und Motorik des Darmes. Sie kann in erster Linie Hinweise auf akute Prozesse im Bauchraum geben, z. B. Appendicitis, Ileus usw.

Ein Blick in den Mund läßt ebenfalls viele Zusammenhänge erkennen. Mund- und Zungensoor lassen meist auch auf einen Pilzbefall im Darm schließen, trockene Mundschleimhäute sind immer ein Hinweis auf eine Pankreasschwäche. Mundgeruch signalisiert ebenso Verdauungsprobleme. Wir stellen sehr häufig fest, daß Mundgeruch nach einer Symbioselenkung verschwindet. Zahnfleischbluten, Zahnherde und Parodontose stehen häufig im ursächlichen Zusammenhang mit Dysbiose und intestinaler Autointoxikation. Wir haben manchen beherdeten Zahn dadurch retten können, daß wir den Darm saniert haben. So konnten unnötige Extraktionen vermieden werden. Ein großes diagnostisches Feld bietet die Zunge. Dies ist leider viel zu sehr in Vergessenheit geraten. Hier bietet die Firma *Pascoe* in Gießen eine kleine Schrift von *K. Deppert* an: »Die systematische Zungensymptomatik bzw. -diagnostik«. Wir erlauben uns die Seiten 10 und 11 vorzustellen. Sie sollen für Therapeuten als Anregung gelten, sich mit diesem Thema näher zu befassen (siehe S. 116 und 117).

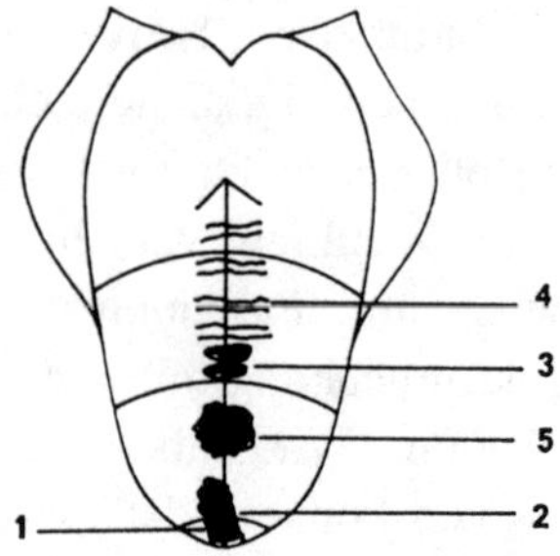

1. Bogenförmige Furchen mit pilzförmiger Rötung im Sektor der Cardia deutet auf Praecancerose bzw. sonstige Wucherungen hin.
2. Zeichen für Diverticulose des Oesophagus (vor allem am Sulcus medianus).
3. Kleine, flache bis etwas tiefere Foveolae (Grübchen) im Gebiet der Appendix sind Narben oder chronische Entzündungszeichen.
4. Duplices et triplices Sulci transversi (dicht nebeneinander liegend) sind typische Zeichen für ein Reizcolon.
5. Entzündungszeichen Pylorus vergesellschaftet oft mit 1.

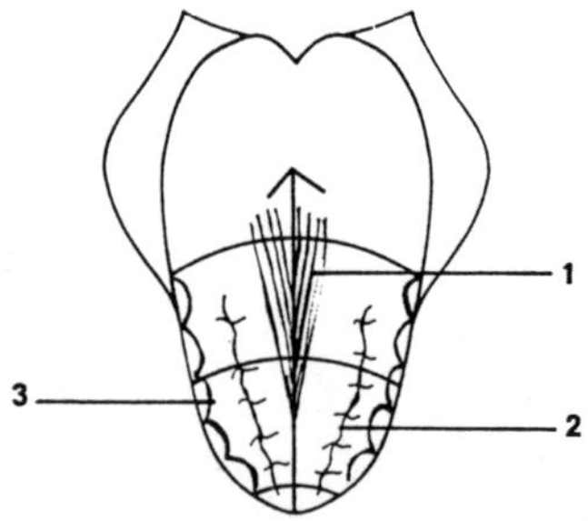

1. Feine Längsfurchen, oberflächlich bis Dünndarmfeld ziehend, meistens Zeichen für Splanchnikusreizung, Durchfallneigung.
2. Zeichen allgemeiner Gewebserschlaffung, Abmagerungen etc.
3. Einseitig auftretende Zahneindrücke zeigen die seitenbezogene Organ-Bindegewebsschwäche. Zu beachten oft leichte Rötung zum Unterschied bei Leberbelastung: Voluminöse Zunge und Zahneindrücke auf beiden Seiten.

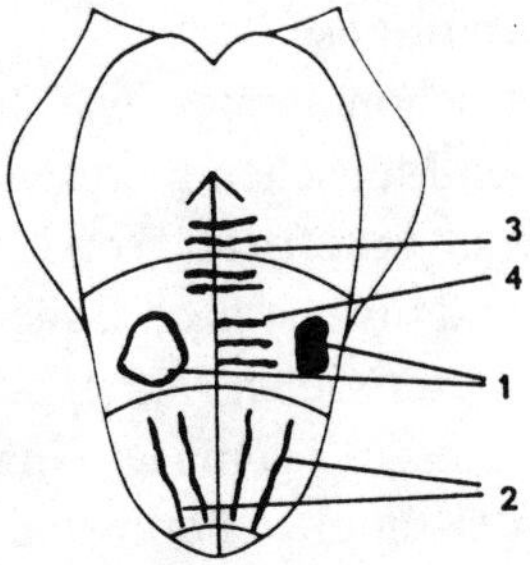

1. Leichte Rötungen von der Zungenfarbe abweichend sind Zeichen von leichteren Entzündungen in den Organregionen. Wenn etwas erhaben, pilzförmig, meist gutartige Wucherungen.
2. Diese feinen Furchungslinien sind das Zeichen eines nervösen, meist hyperaciden Magens.
3. Ausgeprägte Sulci transversi im Colonbereich sind Obstipations- aber auch Colitiszeichen durch Übersäuerung.
4. Die einseitigen, schräg verlaufenden Sulci für den linken Dickdarmabschnitt. sind Zeichen für Polypbildung an der Flexusa lienalis bzw. der unteren Darmabschnitte. Hierbei ist auch an eine Lymphstauung in diesem Bereich zu denken.

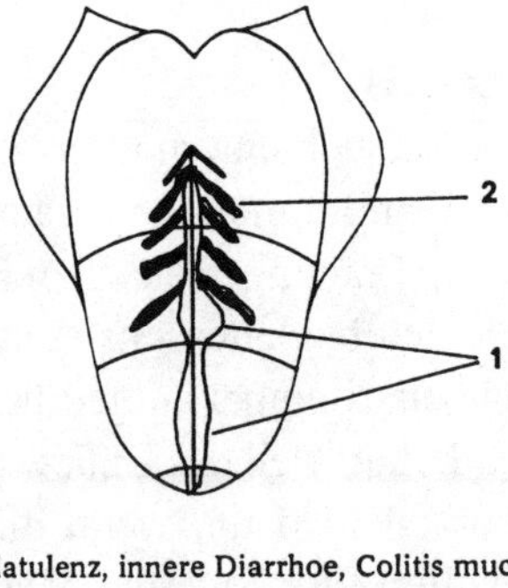

1. Dünndarmzeichen für Flatulenz, innere Diarrhoe, Colitis mucos.
2. Starke Peristaltik, oft mit Erweiterung des Dickdarms einhergehend, oft als Zeichen vergesellschaftet mit Dünndarmerkrankungen.

3. Ernährungsanamnese

Ernährung ist schon immer ein Thema von zentraler Bedeutung für den Menschen gewesen. Sie beeinflußt das Befinden nicht nur kurzfristig, sondern auch langfristig, Auswirkungen sind oft erst nach Generationen erkennbar. Wer sich wie wir seit vielen Jahren auf den verschiedensten Ebenen mit diesem Thema auseinandersetzt, versucht natürlich diesem Komplex Form und Gestalt zu geben, indem Parameter geschaffen und Definitionen gefunden werden, mit denen sich einerseits das Eßverhalten von Menschen erfassen läßt und, falls notwendig, therapierbar gemacht wird. Meist muß gegen ein Heer von Vorurteilen gekämpft werden, bis der Boden für eine gesunde Ernährung bereitet ist. Wir stehen hier sicher noch am Anfang und sind für Anregungen von außen immer dankbar.

1989 entwarf *Spiller* für die Schwarzwald-Klinik, Fachklinik für Ernährungsmedizin, einen Anamnesebogen zur Ernährungstherapie, der es möglich macht, Ernährungsanamnese und -therapie zu dokumentieren. Der Anamnesebogen teilt sich in mehrere Abschnitte:

1. Familienanamnese

Hier wird der Versuch unternommen, die Ernährungsgewohnheiten der Familie und der vorausgehenden Generationen zu erfassen. Prägungen aus dem Elternhaus in bezug auf Eßgewohnheiten begleiten uns ein ganzes Leben lang. Sie sind uns wie ein Stempel aufgedrückt und darum auch so schwer veränderbar, weil das Unbewußte eine sehr große Rolle spielt, vor allem dann, wenn die Mutterliebe über das Essen »gelaufen« ist. Oft sind Menschen nicht in der Lage, ihre emotionalen Bedürfnisse über seelisch-geistige

Aspekte zu realisieren. Folglich werden sie »materialisiert«, indem Gefühlsbefriedigung wie Lust, Nähe, Wärme, Ärger und Kummer durch »gutes« Essen kompensiert werden. Welch negative Form dies annehmen kann, sehen wir bei »Eßsüchtigen«, der Magersucht und der Bulimie (Eßsucht). Die Ernährungsgewohnheiten werden aber auch geprägt durch das soziale Milieu und den Bildungsstand. Untersuchungen haben gezeigt, daß Menschen mit einem guten Bildungsniveau gesunden Ernährungsformen offener gegenüberstehen als Menschen mit einem niedrigen Wissensstand. Darum bedeutet Aufklärung über gesunde Lebens- und Ernährungsweise eine sozialpolitische Herausforderung für das kommende Jahrtausend. Denn die generationenüberschreitenden Schäden, verursacht durch die heute verbreitete denaturierte Zivilisationskost, werden Generationen zur Korrektur brauchen. Wer heute ernährungsbewußt handelt, tut nicht nur sich selbst einen Gefallen, sondern auch den folgenden Generationen. Unsere Eltern und Großeltern hatten dieses Bewußtsein nicht. Sie mußten sich mit anderen Dingen auseinandersetzen, aber wir sind heute diesbezüglich gefordert. Mehr denn je.

2. *Eigenanamnese*

Bei der Eigenanamnese sind nun natürlich Gesichtspunkte von Bedeutung wie:

- Stillkind ja – nein – wie lange?
- Was wurde als erstes zugefüttert?
- Wie sehen die Eßgewohnheiten heute aus?
- Werden Genußgifte aufgenommen?
- Wurden Diätkuren durchgeführt?
- Wurde schon einmal gefastet?

3. Sonstiges

In dieser Rubrik wird Größe und Gewicht vermerkt. Gewichtsabnahmen bzw. -zunahmen und sonstige Besonderheiten wie Insulindosis bei Diabetikern.

4. Ernährungstherapie

Hier wird nun genau festgelegt, wie die Ernährungstherapie durchgeführt werden soll. Es wird vermerkt, ob, wie und wie lange gefastet wird, wie man nach dem Fasten aufbaut und welche Ernährungsform weitergeführt wird. Individuelle Besonderheiten werden notiert und ernährungstherapeutisch berücksichtigt.

5. Verlaufskontrolle

Treten während des Fastens Krisen auf, werden bestimmte Speisen nicht vertragen, kommt es zu Durchfällen oder Obstipation oder anderen Problemen, werden sie in dieser Rubrik vermerkt und eventuell Korrekturen in der Therapie vorgenommen. In Kliniken sollte es daher so sein, daß Ernährungstherapie und Medizin eng zusammenarbeiten, falls beides nicht in einer Hand liegt, damit man sofort auf Probleme reagieren kann.

Wir zeigen an einem Beispiel, wie ein Anamnesebogen zur Ernährungstherapie aussehen kann. Es handelt sich hier um eine damals (1989) 17 Jahre alte Frau, die wegen Neurodermitis atopica stationär behandelt werden mußte (siehe S. 121–123).

Anamnesebogen zur Ernährungstherapie
Frau I. B., 17 Jahre, Diagnose: Neurodermitis.

ANAMNESEBOGEN ZUR ERNÄHRUNGSTHERAPIE

SCHWARZWALD KLINIK

Name: B. [redacted] **Vorname:** I. [redacted] **Geb.:** 28. 8. 62

Straße: **Wohnort:** **Beruf:** [illegible]angestellte

☐ Haus 1 ☒ Haus 2 **Zimmer-Nr.** 26

Diagnose: Neurodermitis mit 20 Jahren **Ernährungstherapeut:** Spiller **Beh. Arzt:** [redacted]

19.10.89

FAMILIEN-ANAMNESE

Krankheiten und Todesursachen von Eltern und Großeltern
♀ Oma †: Atemnot, Adipositas
♀ Opa †: gesund, Durchblutungsstörungen
♂ Oma †: nicht gekannt
♂ Opa †: "
Vater: bei Stress Wasserbläschen an den Händen, Haaren; Diabetes, Herzklappenfehler
Mutter: kerngesund

Ernährung der Großeltern mütterlicherseits
viel Fleisch, bäuerlicher Haushalt

Ernährung der Großeltern väterlicherseits
gut bürgerlich, viel Fleisch

Ernährung der Eltern
viel Fleisch, Milch

Ernährung der Mutter während der Schwangerschaft
s. o.

EIGEN-ANAMNESE

Wurden Sie gestillt? **Wenn ja, wie lange?**
ja, lang

Wenn nein, welche Ernährung wurde verabreicht?
Kuhmilch verdünnt

Ernährungsaufbau nach dem Stillen:

Wann wurde zugefüttert und was?
Selbstzubereitetes

Wann wurden das erste Mal feste Speisen verabreicht?

Wie sehen Ihre heutigen Eßgewohnheiten aus?

Frühstück
alles durcheinander

2. Frühstück?
„Kummeressen"

Mittagessen
∅ Fleisch

Zwischenmahlzeit
Milchprodukte

Abendessen
aber Süßes, Torten

Sonstiges?

Schreibmaschinenschrift!

Wie sehen Ihre Trinkgewohnheiten aus?	viel Durst
Welche Getränke werden bevorzugt?	Tee, MW
Tägliche Trinkmenge!	3-4l
Werden bestimmte Speisen bevorzugt?	
z. B. Lieblingsspeise, Fast Food etc.	Cashewkerne Mandelmus
Haben Sie ein Verlangen nach bestimmter Nahrung? z. B. Heißhunger auf Süßes, Pikantes, Salziges etc.	auf Fettes nicht mehr auf Süßes
Treten vor dem Essen Beschwerden auf?	nein
Treten während des Essens Beschwerden auf?	nein
Treten nach dem Essen Beschwerden auf?	Blähungen
Welche Art von Speisen verursachen körperliche oder seelische Reaktionen? z. B. Juckreiz, Ausschlag, Kopfschmerzen, Depressionen etc.	nein
Macht es einen Unterschied, ob die Nahrung roh, gekocht oder gebraten gegessen wurde?	—
Liegen Ergebnisse von Allergie-Tests vor?	vor 3 J.: auf nichts reagiert
Haben Sie einen Widerwillen gegen bestimmte Nahrung?	nein
Lassen Sie bestimmte Speisen von vornherein weg?	Fleisch, Fisch, Ei „tiereiweißfrei"
Wie sind Ihre Stuhlgewohnheiten?	1x Tag
Neigen Sie zu Verstopfungen?	normal nicht
Neigen Sie zu Durchfällen?	ja
Beobachten Sie im Stuhl unverdaute Speisen?	früher ja
Farbe, Konsistenz und Geruch des Stuhles?	hell; breiig leicht geformt, manchmal übelriechend

Nehmen Sie Genußgifte zu sich? NEIN JA	
Alkohol	ja Wein + Bier
Kaffee	nein
Schwarzer Tee	nein
Nikotin	nein
Rauschgift	nein
Haben Sie eine Diät durchgeführt? NEIN (JA)	Reduktion
Wenn ja, welche? wie lange? mit welchem Ergebnis?	
Haben Sie schon einmal gefastet? NEIN (JA)	10 Tage hier in der Klinik
Wenn ja, auf welche Art, wie lange, mit welchem Ergebnis?	Zuhause 2 x 5 Tage Ekzem ist nach Schub schneller abgeheilt
Ernährung nach dem Fasten?	

Sonstiges:

Gr. 178
Gew. 80.5 kg

Ernährungstherapeutisches Vorgehen:

HF: 20.10. – 9.11.89
Saftfasten, danach 3 Aufbautage mit Obst, dann vegane Frischkost
läßt lieber Citrusfrüchte weg ∅ Orange, Kiwi, Ananas in der Frischkost

Verlaufskontrolle: z.B. Eintragung von Besonderheiten wie Fastenkrisen, Durchfälle, Erbrechen, Eßverweigerung, Hautreaktionen etc.

Pilze im Darm (Candida albicans u. Stuhlbefund)
Während des Fastens starke Hautreaktionen, heftige Exacerbationen, teils impetiginisiert
den 3. Tag des Fasten hypotone Krise

4. Beschaffenheit des Kots

a) Geruch

Normaler Kot ist geruchlos bis leicht säuerlich riechend; dann wird die Nahrung optimal verstoffwechselt in einem günstigen Milieu. Fäulnisprozesse sind weitgehendst ausgeschlossen. Scharfer und sauer riechender Kot deutet auf zu extreme Gärungsprozesse hin, stinkender, nach faulen Eiern riechender Kot auf Fäulnisprozesse.

b) Farbe

Die Farbe des Kotes wird in erster Linie bestimmt durch den Gehalt an Gallenfarbstoffen. Gesunder Stuhl hat eine hellgelbe Farbe, weil die Gallenfarbstoffe nur in reduzierter Form vorkommen. Natürliche Farbveränderungen, wie z. B. durch den Genuß roter Beete, sind natürlich nicht von Bedeutung.

c) Aussehen – Konsistenz

Gesunder Stuhl kommt fast an das Aussehen des gestillten Säuglingsstuhls heran. Die Kotmasse ist geformt, aber weich und breiig und hinterläßt im Papier keine Spuren. Die Defäkation (Kotausscheidung) ist kurz und nicht schmerzhaft.

d) Menge

Die abgesetzte Kotmenge steht im Verhältnis zur Menge der aufgenommenen Nahrung und beträgt in der Regel ⅘. ⅔ des Kotes bestehen hauptsächlich aus Darmbakterien.

e) Häufigkeit der Stuhlentleerungen

Ein stoffwechselaktiver, gesunder Darm scheidet 2x am Tag Kot aus. Das entspricht einer Darmpassage von ca.12

Stunden. 1x täglich Stuhlgang kann zwar akzeptiert werden, ist aber niemals der Idealzustand. Menschen, die sich sehr viel bewegen, erreichen den Idealzustand eher, bei gleichen gesunden Ernährungsbedingungen.

f) Formen der Obstipation (Verstopfung)

- akute Obstipation (z. B. Colonkarzinom – Dickdarmkrebs)
- chronische Obstipation (faserstoffarme Ernährung)
- spastische Obstipation (Reizcolon)
- psychogene Obstipation (»Nicht loslassen können«)
- vorübergehende Obstipation (z. B. bei Nierenkoliken)
- als Folge eines Megacolons

g) Formen der Durchfälle

- akute Diarrhoe (z. B.Viruserkrankung, Infektionskrankheit)
- chronische Diarrhoe (z. B. Darmtuberkulose, Achylia gastrica)
- allergene Diarrhoe (Nahrungsmittelunverträglichkeit)
- vorübergehende Diarrhoe (seelisch, toxisch, z. B. Reaktion auf Spritzmittel oder Nahrungsmittelzusatzstoffe)

h) Wechsel zwischen Obstipation und Diarrhoe

- Overgrowth-Syndrom
- Diarrhoe paradoxa (Verstopfungsdurchfall)

i) Verdauungsrückstände

Bis auf einige wenige Nahrungsbestandteile (Fruchtkerne) muß der Nahrungsbrei makroskopisch rückstandslos verdaut werden. Das Auftreten von unverdauter Nahrung kann ein Hinweis auf zu schlechtes Kauen und Einspeicheln der Nahrung sein, oder es zeigt eine Insuffizienz (Leistungsmangel) der Verdauungsenzyme an, oder es liegt ein Malabsorptionssyndrom vor.

5. Untersuchung des Kotes durch mikrobiologische Institute

Eine relativ genaue Aufschlüsselung der Keimarten im Darm, Magen und Speichel erhalten wir durch mikroskopische Untersuchungen in dafür spezialisierten Labors. Der Patient wird gebeten, nach der Stuhlentleerung in ein hierfür bestimmtes Röhrchen eine Stuhlprobe abzufüllen und mit der Post am selben Tag abzusenden. In den Labors werden nun Kulturen angesetzt und die Ergebnisse mitgeteilt und z. T. befundet. Diese Form des Vorgehens hat sich in der Praxis bewährt, obwohl wir natürlich auch berücksichtigen müssen, daß bestimmte Keime unter den Bedingungen im Röhrchen und dem Transport leiden. Dies gilt vor allem für feuchtigkeitsbedürftige Dünndarmbakterien wie Lactobazillen. Da die deutliche Reduzierung der Dünndarmflora auf ein Overgrowth-Syndrom hindeuten kann, müssen natürlich andere Aspekte, die sich aus dem Beschwerdebild und der Anamnese ergeben, unbedingt mitberücksichtigt werden, um nicht zu einer Falschaussage zu kommen. Es kann nicht Aufgabe des Buches sein, alle Institute in Deutschland vorzustellen. Wir erwähnen nur solche, mit denen wir gearbeitet haben und die uns wirklich reproduzierbare Werte geliefert haben. Die Erwähnung in unserem Buch stellt somit keine besondere Bewertung dar. Die Institute werden nun auf den folgenden Seiten anhand ihrer Anforderungsbögen und Auswertungen vorgestellt.

1. Anamnesebogen

Material
- ☐ Stuhl
- ☐ Rachen
- ☐ Urin
- ☐ ....

Institut für Mikroökologie · Postfach 17 65 · D-6348 Herborn

INSTITUT FÜR MIKROÖKOLOGIE
Kornmarkt 34
6348 Herborn
Telefon (0 27 72) *4 10 33
Telefax 4 10 39

Arzt
←
Bitte postalisch korrekte Adresse angeben, da für Rücksendung erforderlich!
Datum Probeentnahme

Bitte immer angeben: Letzte Befund-Nr. | Datum des letzten Befundes

Körpergröße ___ cm | Gewicht ___ kg | Alter ___ Jahre

Konstitution
☐ Normosom ☐ Astheniker ☐ Pykniker

	ja	nein	Zeit/Dauer
Tbc-Anamnese	☐	☐	
Typhus/Paratyph.	☐	☐	
Malignom	☐	☐	
Chemotherapie	☐	☐	
Antibiotika	☐	☐	
Corticoide	☐	☐	

Familienname des Patienten | Vorname | Geburtsdatum

Straße und Hausnummer

Postleitzahl | Wohnort

Bitte immer 2 Formulare ausfüllen und einsenden.
Der Florabefund läßt ohne ärztliche Angaben keine verbindlichen Beratungen zu!

1 Kurz-Anamnese:

2 Diagnose:

3 Beschwerdebild:

4 Pathologische Labordaten:

5 Therapie:

Zusatztherapie: Ja ☐ nein ☐ wenn ja welche:
Zusatzmedikamente: 1.

6 Stichworte zum Verlauf: positiv ☐ negativ ☐ Status idem ☐

Mikrobiologische Therapie – bereits durchgeführt

	ja	nein	Zeit/Dauer
Pro-Symbioflor	☐	☐	
Symbioflor 1	☐	☐	
Lactobacillen/Bifidob.	☐	☐	
Symbioflor 2	☐	☐	
Autovaccine	☐	☐	
Fremdvaccine	☐	☐	

Ohne Angaben ist die Herstellung einer Autovaccine und Begutachtung in das Ermessen des Arztes gestellt.
Autovaccine Injektion erwünscht ja ☐ nein ☐
Autovaccine (nur über Privatrechnung) perkutan ☐ oral ☐
oral/perkutan nicht erwünscht ☐
Befundbericht u. Therapieempfehlung erwünscht: ☐ ausführlich ☐ Kurzform ☐ nein

Blutbild:

Hb		g%
Erythroc.		
Leukoc.		
Basophil.		%
Eosinophil.		%
Myelocyt.		%
Jugendl.		%
Stabkern.		%
Segmentk.		%
Lymphocyt.		%
Monocyt.		%
Lymphoc. absol.		
HbE		pg
BSG		

In welche **Krankheitsgruppe** ordnen Sie den Patienten ein?
Für statistische Zwecke bitte Gruppe(n) ankreuzen.

1 Magen-Darm
2 Respirationstrakt
3 Herz/Kreislauf
4 Urogenitaltrakt
5 Haut
6 Blut
7 Stoffwechsel/Endokrinium Lebererkrankungen
8 Immundefekte/Infektanfälligkeit
9 Allergien
10 Rheumat. Erkrankungen
11 Tumorleiden
12 Psychische Erkrankungen
13 Organ. Nervenleiden
14 Sonstige

Ernährungsgewohnheiten:	Ja	nein
überwiegend Vollkornprodukte (entspr. Ballaststoff)	☐	☐
Schweinefleisch	☐	☐
Vegetarier	☐	☐

Rohkostanteil
wenig (unter 20%) ☐
mittel (20%–50%) ☐
überwiegend (>50%) ☐

Zuckerkonsum
wenig ☐
mittel ☐
viel ☐

Kam das vom Pat. verzehrte Gemüse überwiegend aus
biologischem Anbau ☐
konventionellem Anbau ☐

Medizinisch-wissenschaftlicher Beirat: Med. Dir. Dr. med. Wolfram Werner, Arzt für Mikrobiologie und Infektionsepidemiologie
Wissenschaftlich-technische Leitung: Dipl.-Biol. Dr. rer. nat. Volker Rusch, Dipl.-Biol. Dr. rer. nat. Kurt Zimmermann
Ärztliche Leitung: Christian Maaß, Arzt-Naturheilverfahren

Druckdatum: Febr. '91
Arzt-Nr.

Institut für Mikroökologie Kornmarkt 34, 35745 Herborn

Laboratoriumsbefund
Stuhl

Befund-Nr.	Datum

KOLONIE	%	R./M.-Grad	LACTOSE	SACCH +	SACCH –	INDOL +	INDOL –	FEUCHTE	ELEVATION	FORM/ Rand	Größe
S											
M											
R											

Wachstum:

pH :

Hämolyse :

Biochemische Untersuchung

Klassifikation aerob	**Anteil %**
E. coli S (glatt)	
E. coli M (mucoid)	
E. coli R (rauh)	
E. coli Lactose negativ	
Enterobacteriaceae allg.	
Citrobacter species	
Klebsiella species	
Enterobacter species	
Proteus species	
Pseudomonas species	
Streptococcus species	
Staphylococcus aureus	
Salmonellen	
Yersinien	
Campylobacter species	
Pilze allgemein	
Candida	

☐ Autovaccine Injektion | 9 | 8 | 7 | 6 | 5 | 4 | 3 | 2 | 1 | ☐ Perkutan/Oral | 6 | 5 | 4 | 3 | 2 | 1 | ☐ Autokultur ☐ Stammlag.

Deutung und Vorschlag betr. Mikrobiologische Therapie

2. Befundbericht eines Patienten

Kein infektionsverdächtiges Material einsenden!

128308

Befund-Nr. 333381

EINGEGANGEN 1 5. Jan. 1990

Institut für Mikroökologie · Postfach 17 65 · D-6348 Herborn

INSTITUT FÜR MIKROÖKOLOGIE
Kornmarkt 34
6348 Herborn
Telefon (0 27 72) *4 10 33
Telefax 4 10 39

Arzt

Wolfgang Spiller
Heilpraktiker · Ernährungstherapeut
Niedere Straße 24
7730 VS-Villingen

Bitte immer angeben: Letzte Befund-Nr. | Datum des letzten Befundes

Tagesdatum: 10.1.90

Körpergröße ___ cm Gewicht ___ kg Alter ___ Jahre

Familienname: H. Vorname: U. Geburtsdatum: 23.6.48

Straße: ... 12

Konstitution: ☐ Normosom ☐ Astheniker ☐ Pykniker

	ja	nein	Zeit/Dauer
Tbc-Anamnese	☐	☐	
Typhus/Paratyph.	☐	☐	
Malignom	☐	☐	
Chemotherapie	☐	☐	
Antibiotika	☐	☐	
Corticoide	☐	☐	

1 Kurz-Anamnese: akuter allergischer Schub

2 Diagnose: Neurodermitis constitutionalis

3 Beschwerdebild: multiple Ekzematisation

4 Pathologische Labordaten: –

5 Therapie: 2. 24 - Reise

6 Stichworte zum Verlauf: Verd. auf Eiweißfäulnis im Darm

Mikrobiologische Therapie – bereits durchgeführt

	ja	nein	Zeit/Dauer
Pro-Symbioflor	☐	☐	
Symbioflor 1	☐	☐	
Lactobacillen/Bifidob.	☐	☐	
Symbioflor 2	☐	☐	
Autovaccine	☐	☐	
Fremdvaccine	☐	☐	

Autovaccine erwünscht ja ☐ nein ☐
Injektion ☐ perkutan ☐ oral ☐

Blutbild: Nüchtern ja ☐ nein ☐

Hb		g%
Erythroc.		
Leukoc.		
Basophil.		%
Eosinophil.		%
Myelocyt.		%
Jugendl.		%
Stabkern.		%
Segmentk.		%
Lymphocyt.		%
Monocyt.		%
Lymphoc. absol.		
HbE		pg
BSG		

In welche **Krankheitsgruppe** ordnen Sie den Patienten ein? Für statistische Zwecke bitte Gruppe(n) ankreuzen.

1 Magen-Darm
2 Respirationstrakt
3 Herz/Kreislauf
4 Urogenitaltrakt
5 ☒ Haut
6 Blut
7 Stoffwechsel/Endokrinium Lebererkrankungen
8 Immundefekte/Infektanfälligkeit
9 ☒ Allergien
10 Rheumat. Erkrankungen
11 Tumorleiden
12 Psychische Erkrankungen
13 Organ. Nervenleiden
14 Sonstige

Ärztliche Leitung: Christian Maaß, Arzt – Naturheilverfahren
Wissenschaftlich-technische Leitung: Dipl.-Biol. Dr. rer. nat. Volker Rusch, Dipl.-Biol. Dr. rer. nat. Kurt Zimmermann
Medizinisch-wissenschaftlicher Beirat: Med. Dir. Dr. med. Wolfram Werner, Arzt für Mikrobiologie und Infektionsepidemiologie

Druckdatum: 15. 8. 89

Arzt-Nr.

Laboratoriumsbefund

Befund-Nr. 223381 | Datum 17.1.90

KOLONIE	%	R./M.-Grad	LACTOSE	SACCH +	SACCH −	INDOL +	INDOL −	FEUCHTE	ELEVATION	FORM/Rand	Größe
S	80	·	3	5	[illegible]	8					
M											
R	20	1	3	2		2					

Wachstum	3
pH	7,6
Hämolyse	0

Biochemiscne Untersuchung

Klassifikation AEROB	%
E.coli S	80
E.coli M	
E.coli R	20
E.coli Lactose negativ	
Enterobacteriaceae Allgemein	
Citrobacter sp.	
Klebsiella	
Enterobacter	
Proteus	
Pseudomonas sp.	
Streptococcus sp.	
Hefen	
Orientierender Pilznachweis	03
Candida	

[X] Autovaccine Injektion 9 | 8 | X | X | X | 4 | 3 | 2 | 1 — [ ] Perkutan/Oral 6 | 5 | 4 | 3 | 2 | 1 — [ ] Autokultur — [ ] Stammlsg.

Deutung und Vorschlag betr. Mikrobiologische Therapie

kw 30.1.90

Deutung:
Es ist eine kräftige Indikatorflora angewachsen, der pH-Wert liegt im Normbereich. Im übrigen zeigen sich Hinweise auf eine toxische Situation im Darm.

Therapieempfehlung:
Wir empfehlen, die hier indizierte Mikrobiologische Therapie mit Prosymbioflor bei strenger saccharose- und schweinefleischfreier Kost durchzuführen. Wenn Prosymbioflor voll dosiert (3 x 30 Tr. während des Essens) eingewöhnt und mit Nutzen 2 Wochen lang vertragen wurde, läßt man es auslaufen und gibt Symbioflor I (2 x 20 Tr. beim Aufstehen und beim Schlafengehen).

Die AVI injiziert man durchweg zweimal wöchentlich.
Dazu raten wir zu Injektion mit Colibiogen i.m. an den gleichen Tagen. Beides, Colibiogen und AVI, aber nicht zusammen aufziehen.

Nach Abschluß der AVI-Behandlung, also nach ca. 9 Wochen, raten wir dann zu einer erneuten Stuhlflorakontrolle.

Persönliche Stellungnahme des Gutachters:

1. Anamnesebogen

Labor Drs. Hauss
Ärztliche und biologische Leitung

Postfach 1207
Kieler Straße 71, 2330 Eckernförde

Datum der Probeentnahme: ______
Name des Patienten: ______
Geb.-Datum: ______
Rechnung an Patient ☐ Rechnung an Praxis ☐
Rechnungsanschrift des Patienten: ______

______

______

I. Gewünschte Untersuchungen: Stuhl ☐ Sputum ☐ Urin ☐ Sonstiges ☐:

1) mykol. Status der Probe: Haare ☐ Haut ☐ Nagel ☐

2) bakterielle Untersuchung: (Enterobakterien, Nonfermenter) Stuhl ☐ Sputum ☐ Urin ☐ Sonstiges ☐:

II. Bisherige Befunde, Diagnose, Symptome: ______

______

______

III. Nähere Angaben **(die Beantwortung** der nachstehenden Fragen ist für die Bewertung und Therapieempfehlung **dringend erforderlich)**

Zutreffendes bitte ankreuzen ☒

→ ☐ **Erstuntersuchung** ☐ **Kontrolluntersuchung**

Spezielle Angaben:

Tgl. Stuhlgewohnheiten: 1 x ☐ 2 x ☐ häuf. ☐

	ja	nein
Verstopfung	☐	☐
Durchfälle	☐	☐
Blähungen: wenig - mäßig - häufig - stark	☐	☐
Bestanden Erkrankungen d. Darmes	☐	☐
Bestehen Erkrankungen d. Darmes	☐	☐
Wenn ja, welche? ______		
Mundschleimhaut belegt	☐	☐
Zunge belegt	☐	☐
Übelkeit	☐	☐
Erbrechen	☐	☐
Kontakt mit Tieren (z.B. Hund, Katze, Kaninchen)	☐	☐
Angaben zur Ernährung:		
Fertigkost	☐	☐
Körnerkost	☐	☐
grobe Rohkost	☐	☐
Fleisch	☐	☐
Mischkost	☐	☐

	ja	nein
Wird Leinsamen eingenommen?	☐	☐
Werden Abführmittel eingenommen?	☐	☐
Werden Bittersalze eingenommen?	☐	☐
Vorausgeg. antibiotische Maßnahmen	☐	☐
Wenn ja, wann? ______		
Welche? ______		
Werden Darmsymbionten verabreicht?	☐	☐
Wenn ja, welche? ______		
Wird Kombucha eingenommen?	☐	☐
Sonstige Arzneimittel	☐	☐
Wenn ja, welche? Dosierung: ______		
Verlangen nach Süßem?	☐	☐

Milchprodukte wie Käse, Quark, Yoghurt, Sauermilch
☐ normal ☐ viel ☐ wenig

IV. Bisherige Therapie:

______

V. Therapieempfehlungen erwünscht: ☐ ja ☐ nein

______

VI. Befundübermittlung an:
(bitte PRAXISSTEMPEL nicht vergessen)

Labor Drs. Hauss, Kieler Str. 71, 24340 Eckernförde

2. Befundbericht eines Patienten

Labor Drs. Hauss

Ärztliche Leitung: Dr. med. Helga Hauss

Mikrobiologische Leitung: Dr. rer. nat. Reinhard Hauss

Postfach 12 07
Kieler Straße 71, 2330 Eckernförde
Telefon 0 43 51 / 34 11
Telefax 0 43 51 / 53 46

Herrn
Heilpraktiker
Wolfgang Spiller
Niedere Str. 24
7730 VS-Villingen

Datum: 28.01.92

Patient: J. D.
Material: STUHL

BEFUNDBERICHT:

Differentialbestimmung der Hefen:
Befallsstärke: **mittel** **Keimzahl: 10^4 bis 10^6** **Art: Candida albicans**

Differentialbestimmung der Dermatophyten: kein Befund

Differentialbestimmung der Schimmelpilze: kein Befund

Differentialbestimmung der path. Enterobacteriaceae (Hauptkeimst.):
Befallsstärke: **mittel** Art: Enterobacterarten

Therapieempfehlung/ Therapiebeispiel:

a) ⊗ antimykot. Therapie mit:
⊗ Nystatin* O Amphotericin B** O Sonst.***
b) ⊗ diät. Anweisung: s. Antipilzdiät
O Reduktion v. sauren Milchprodukten, z.B: Quark, Kefir, Joghurt, Sauermilch, Käse
c) ⊗ Symbioselenkung mit leb. Antagon. ****
⊗ z.B. S. boulardii, ⊗ E. coli, O Sonstige
d) O Substitution der Antioxydantien (parallel zur Symbioselenkung) *****
e) O Immunstimulation mit Stutenmilch ******
f) O Literaturhinweis u. Anlage beachten
g) ⊗ Kontrolluntersuchung nach 9-12 Wochen

sofort und alle 2 Wochen Zahnbürste wechseln
1.-7. Tag Moronal Susp. 3xtgl. 1 Pip. n.d.E.
8.-23. Tag Adiclair Tbl. 3xtgl. 2 Tbl. n.d.E.
24.-35. Tag Perenterol 4xtgl. 1 Kapsel
36.-55. Tag Mutaflor 20 mg 1xtgl. 1 Kps.
56.-75. Tag Mutaflor 100 mg 1xtgl. 1 Kapsel

Präparateliste:

* Adiclair, Moronal, Mykundex, Nystat. Lederle Candida-Lokalicid, Candido-Hermal, etc.
** Ampho Moronal
*** Daktar, Nizoral, Fungata, Sempera, etc.
**** Perenterol, Mutaflor, Omniflora, Colibiogen Rephalysin, Hylak, Imbak, etc.
***** Cellagon-aurum
****** Kumylac, Equilac

Weitere Präparate z.B.:

h) O Borax D 12 Tabl.
O Sab Simplex Susp.
O Parfenac Fettsalbe o. Creme
O Multilind Heilpaste
O Epi Pevaryl
O Sonstige

O Biotin Human
O Mycospor Nagelset
O Moronal Genitalcreme
O Dermatofug Lotio
O Selsun Haarshampoo

1. Anamnesebogen

(bei Privatpatienten bitte Adresse angeben)

Patient:

Labor L + S GmbH
Gesellschaft für Mikrobiologie und biologische Qualitätsprüfung
Mangelsfeld 4 · 8733 Bad Bocklet
Telefon 0 97 08-8 48 · Telefax 0 97 08-68 85

Labor L + S GmbH, Mangelsfeld 4, 8733 Bad Bocklet

Befundadresse (Stempel):

L + S Labor-Nr.:

Datum Eingang: Ausgang:

Rechnung bitte an:
Heilpraktiker ☐ Patient ☐

der Einsender ist zur Beauftragung bevollmächtigt.

Proben-Begleitschein und Befund: Stuhl-Untersuchungen (gewünschtes bitte ankreuzen)

☐ Stuhlflora: GOÄ 4626, 4637, 4705, 4630, 3500 (x 1,2); komplett DM 60,98		Befund (KBE/g)	Normbereich
aerob:	E. coli		$10^6 - 10^7$
	E. coli-Varianten (Laktose nicht vergärend; rauh, mukös, hämolysierend)		$10^2 - 10^5$
	Enterobacteriaceae (Klebsiella sp.; Proteus sp.; Enterobacter sp.)		$10^2 - 10^5$
	Enterococcus sp.		$10^6 - 10^7$
	Pseudomonas sp.		$10^2 - 10^4$
	Bacillus sp.		$10^2 - 10^4$
	Staphylococcus sp.		$10^2 - 10^4$
anaerob:	Bacteroides sp.		$10^8 - 10^{10}$
	Clostridium sp.		$10^2 - 10^6$
	Bifidobacterium sp.		$10^8 - 10^{10}$
	Lactobacillus sp.		$10^5 - 10^7$
Pilze:	Candida sp.		bis 10^2
	Geotrichum sp.		$10^2 - 10^4$
andere Mikroorganismen:			$10^2 - 10^4$
pH:			6 – 7

Enteritis-Erreger: GOÄ 4626 (x 1,2), jeweils DM 23,22

Untersuchung	Befund	Normbereich
☐ Salmonella sp./Shigella sp.		nach Anreicherung nicht nachweisbar
☐ Yersinia sp. wenn Kälteanreicherung positv, benachrichtigen wir		nicht nachweisbar
☐ Campylobacter sp.		nicht nachweisbar

Untersuchung	Befund	Normbereich
☐ Rota-Viren: GOÄ 4398 (x 1,2); DM 16,89		serologisch nicht nachweisbar
☐ Parasiten (Wurmeier, Protozoen): GOÄ 4051, 4056, 4061 (x 1,2); komplett DM 15,84		nicht nachweisbar
☐ Verdauungsrückstände (mikroskopisch): GOÄ 4075 (x 1,2); komplett DM 11,61	Muskelfasern:	Stärke:
Normbereich Ø – + / auffällig ++ – +++	Neutralfette:	Fettsäuren:
☐ Blut (okkult): GOÄ 3505 (x 1,2), DM 4,48		nicht nachweisbar

Untersuchung	GOÄ / Preis	Befund	Normbereich
☐ Chymotrypsin	GOÄ 3798 (x 1,2), DM 26,40		> 6 U/g
☐ Milchsäure D-Form	GOÄ 3798 (x 1,2), DM 26,40		10 mg / g
Milchsäure L-Form	GOÄ 3798 (x 1,2), DM 26,40		
☐ Lipase	GOÄ 3787 (x 1,5), DM 33,—		> 5 μg/g
☐ Gesamtgallensäuren	GOÄ 3798 (x 1,5), DM 33,—		35 (42) μmol / g
☐ Fett	GOÄ 3786 (x 1,2), DM 26,40		< 7 g / 24 Std.
☐ Stickstoff	GOÄ 3792 (x 1,2), DM 26,40		< 2,0 g / 24 Std.
☐ PMN-Elastase	GOÄ 3798 (x 1,2), DM 26,40		< 3,5 μg/g TSt
☐ Lysozyme	GOÄ 3798 (x 1,2), DM 26,40		< 3,0 μg/g FSt
☐ Plasma-Proteine (Albumin, IgA, Transferrin, Coeruloplasmin, α1-Antitrypsin)	GOÄ 4040 (x 1,5) jeweils DM 23,76		vgl. Anlage

☐ **Wenn Sie Interpretationsschwierigkeiten haben, können wir Sie gerne telefonisch über Relevanz des Befundes und Therapieansätze beraten.**

Labor L & S GmbH, Mangelsfeld 4, 97708 Bad Bocklet

Interpretation von Stuhlflora-Befunden

	Aerobe Flora					Anaerobe Flora				Pilze	
KbE/g	E. coli	E. coli-Varianten	Enterobacteriaceae	Enterococcus sp.	sonstige Aerobe	Bacteroides sp.	Clostridium sp.	Bifidobacterium sp.	Lactobacillus sp.	Candida sp.	Geotrichum sp.
10^2									Nachweisgrenze	Nachweisgrenze	Nachweisgrenze
$1 \cdot 10^2$–$9 \cdot 10^2$									stark vermindert	obere Normgrenze	Normbereich
$1 \cdot 10^3$–$9 \cdot 10^3$									stark vermindert	deutlich vermehrt	deutlich vermehrt
10^4	Nachweisgrenze	Nachweisgrenze	Nachweisgrenze	Nachweisgrenze	Nachweisgrenze						
$1 \cdot 10^4$–$9 \cdot 10^4$	stark vermindert	Normbereich	Normbereich	stark vermindert	gering vermehrt				deutlich vermindert	stark vermehrt	stark vermehrt
$1 \cdot 10^5$–$9 \cdot 10^5$	deutlich vermindert	gering vermehrt	gering vermehrt	deutlich vermindert	deutlich vermehrt				Normbereich	stark vermehrt	stark vermehrt
10^6							Nachweisgrenze	Nachweisgrenze			
$1 \cdot 10^6$–$9 \cdot 10^6$	Normbereich	deutlich vermehrt	deutlich vermehrt	Normbereich	stark vermehrt		deutlich vermehrt	stark vermindert	Normbereich	stark vermehrt	stark vermehrt
$1 \cdot 10^7$–$9 \cdot 10^7$	Normbereich	stark vermehrt	stark vermehrt	Normbereich	stark vermehrt	deutlich vermindert	stark vermehrt	deutlich vermindert	Norm bereich		
10^8						Nachweisgrenze					
$1 \cdot 10^8$–$9 \cdot 10^8$	deutlich vermehrt	stark vermehrt	stark vermehrt	deutlich vermehrt	stark vermehrt	Normbereich	stark vermehrt	Normbereich			
$1 \cdot 10^9$–$9 \cdot 10^9$	stark vermehrt	stark vermehrt	stark vermehrt	stark vermehrt	stark vermehrt	Normbereich	stark vermehrt	Normbereich			
$1 \cdot 10^{10}$–$9 \cdot 10^{10}$	stark vermehrt	stark vermehrt	stark vermehrt	stark vermehrt	stark vermehrt	Normbereich	stark vermehrt	Normbereich			

pH-Wert: 5,0 = stark sauer; 5,5 = sauer;
6,0–7,0 = Normbereich;
7,5 = alkalisch; 8,0 und > 8,0: stark alkalisch;

2. Befundbericht eines Patienten

(bei Privatpatienten bitte Adresse angeben)
Patient:

Hert
B. H.

Labor L + S GmbH
Gesellschaft für Mikrobiologie und biologische Qualitätsprüfung
Mangelsfeld 4 · 8733 Bad Bocklet
Telefon 0 97 08-8 48 · Telefax 0 97 08-68 85

Labor L + S GmbH, Mangelsfeld 4, 8733 Bad Bocklet

Befundadresse (Stempel):

7730 VS-Villingen

L + S Labor-Nr.: 251

Datum Eingang: 10.01 Ausgang: 13.01.'92

Rechnung bitte an:
Heilpraktiker ☐ Patient ☒

der Einsender ist zur Beauftragung bevollmächtigt.

Proben-Begleitschein und Befund: Stuhl-Untersuchungen (gewünschtes bitte ankreuzen)

☒ Stuhlflora: GOÄ 4626, 4637, 4705, 4630, 3500 (x 1,2); komplett DM 60,98

		Befund (KBE/g)	Normbereich
aerob:	E. coli	1,0 × 10⁶ → $1{,}0 \times 10^6$	$10^6 - 10^7$
	E. coli-Varianten (Laktose nicht vergärend; rauh, mukös, hämolysierend)	$1{,}0 \times 10^5$	$10^2 - 10^5$
	Enterobacteriaceae (Klebsiella sp.; Proteus sp.; Enterobacter sp.)	$2{,}0 \times 10^4$ / $5{,}0 \times 10^4$	$10^2 - 10^5$
	Enterococcus sp.	$1{,}0 \times 10^6$	$10^6 - 10^7$
	Pseudomonas sp.	$< 10^4$	$10^2 - 10^4$
	Bacillus sp.	$< 10^4$	$10^2 - 10^4$
	Staphylococcus sp.	$< 10^4$	$10^2 - 10^4$
anaerob:	Bacteroides sp.	$5{,}0 \times 10^8$	$10^8 - 10^{10}$
	Clostridium sp.	$< 10^6$	$10^2 - 10^6$
	Bifidobacterium sp.	$< 10^6$	$10^8 - 10^{10}$
	Lactobacillus sp.	$1{,}0 \times 10^5$	$10^5 - 10^7$
Pilze:	Candida sp.	$< 10^2$	bis 10^2
	Geotrichum sp.	$< 10^2$	$10^2 - 10^4$
andere Mikroorganismen:		–	$10^2 - 10^4$
pH:		7,0	6 – 7

Enteritis-Erreger: GOÄ 4626 (x 1,2), jeweils DM 23,22

	Befund	Normbereich
☐ Salmonella sp./Shigella sp.		nach Anreicherung nicht nachweisbar
☐ Yersinia sp. wenn Kälteanreicherung positiv, benachrichtigen wir		nicht nachweisbar
☐ Campylobacter sp.		nicht nachweisbar
☐ Rota-Viren: GOÄ 4398 (x 1,2); DM 16,89		serologisch nicht nachweisbar
☐ Parasiten (Wurmeier, Protozoen): GOÄ 4051, 4056, 4061 (x 1,2); komplett DM 15,84		nicht nachweisbar
☐ Verdauungsrückstände (mikroskopisch): GOÄ 4075 (x 1,2); komplett DM 11,61	Muskelfasern:	Stärke:
Normbereich Ø – + / auffällig ++ – +++	Neutralfette:	Fettsäuren:
☐ Blut (okkult): GOÄ 3505 (x 1,2), DM 4,48		nicht nachweisbar

		Befund	Normbereich
☒ Chymotrypsin	GOÄ 3798 (x 1,2), DM 26,40	9,2	> 6 U/g
☐ Milchsäure D-Form	GOÄ 3798 (x 1,2), DM 26,40		10 mg / g
☐ Milchsäure L-Form	GOÄ 3798 (x 1,2), DM 26,40		
☒ Lipase	GOÄ 3787 (x 1,5), DM 33,–	539	> 5 μg/g
☒ Gesamtgallensäuren	GOÄ 3798 (x 1,5), DM 33,–	6	35 (42) μmol / g
☐ Fett	GOÄ 3786 (x 1,2), DM 26,40		< 7 g / 24 Std.
☐ Stickstoff	GOÄ 3792 (x 1,2), DM 26,40		< 2,0 g / 24 Std.
☐ PMN-Elastase	GOÄ 3798 (x 1,2), DM 26,40		< 3,5 μg/g TSt
☐ Lysozyme	GOÄ 3798 (x 1,2), DM 26,40		< 3,0 μg/g FSt
☒ Plasma-Proteine (Albumin, IgA, Transferrin, Coeruloplasmin, α1-Antitrypsin)	GOÄ 4040 (x 1,5) jeweils DM 23,76	0,055	vgl. Anlage 007

Dr. Röster

☐ **Wenn Sie Interpretationsschwierigkeiten haben, können wir Sie gerne telefonisch über Relevanz des Befundes und Therapieansätze beraten.**

1. Anamnesebogen

Laboratorium für diagnostische
und industrielle Mikrobiologie

Dr. R. Schuler

BERATENDER MIKROBIOLOGE
Beratung · Sachverständigengutachten
Etztalstraße 14 · Postfach 9
D - 8137 Berg 1 bei Starnberg
Telefon (0 81 51) 5 00 44
Telefax (0 81 51) 5 04 21

BAKTERIOLOGISCHE STUHLUNTERSUCHUNG

Name u. Vorname d. Pat. Geburtsdatum

Anschrift
(bei Minderjährigen Elternanschrift angeben!)

Nur Blockschrift oder Maschine! Die Beantwortung der nachstehenden Fragen ist für die Bewertung **dringend** erforderlich

Zutreffendes bitte ankreuzen!

Angaben zur Ernährung

Körnerkost ja/nein
grobe Rohkost ja/nein
Fleisch ja/nein
Fertigkost ja/nein

Kurze allg. Angaben zum Krankheitsbild

SPEZIELLE ANGABEN:

Obstipation ja/nein Durchfälle ja/nein **Besteht eine Unverträglichkeit von Kuhmilchprodukten?** ja/nein

Blähungen: wenig-mäßig-häufig-stark Stuhlgewohnheiten einmal täglich/mehrmals täglich/wie sonst?

Bestehen oder bestanden Erkrankungen des Darmes ja/nein wenn ja, welche?

der Leber ja/nein der Gallenblase ja/nein Besteht Übergewicht ja/nein
des Magens ja/nein der Harnwege ja/nein Wird Leinsamen eingenommen ja/nein
der Pancreas ja/nein der Haut ja/nein Werden Darmsymb. verabreicht ja/nein
des Gebisses ja/nein der Gelenke ja/nein wenn ja, welche?

Werden Laxantien z. Stuhlbef. eingesetzt ja/nein
Werden Bittersalze eingenommen ja/nein
Antibiotica in den letzten drei Monaten? ja/nein wenn ja, welche?
Sonstige Angaben, bisherige Therapie und Medikation:

Gewünschte Untersuchung:

☐ Gesamt-Untersuchung ☐ Steroidtransform. Clostridienspezies
☐ Kontroll-Untersuchung auf .... ☐ Cl. perfringens-Enterotoxintest

Befundübermittlung an: (bitte Stempel)

Rechnung an:

KOSTENÜBERNAHMEERKLÄRUNG:

☐ Ich übernehme die Kosten für die beantragte Untersuchung ____________
☐ Ich bestelle gleichzeitig auch die erf..derlichen Symbionten- und ev. Lactobazillenkulturen (bitte Apothekenanschrift angeben!)

Ohne eigenhändige Unterschrift des Patienten bz.. des Erziehungsberechtigten kann eine Bearbeitung nicht erfolgen!

Laboratorium für diagnostische und industrielle Mikrobiologie Dr. R. Schuler, Etztalstr. 14, 83546 Berg

Vom Labor auszufüllen:
Vorbefund vom:
Symbionten- und Lactobazillenk. vom/bis: RH: pH:

	Konsistenz:	fl	br	w	n	f	h	sh	sk	ls	kö	Zer.	b.A.	
☒	Abstufung	Ø	1	2	3	4	5	6	7	8	R	F	H	M
☒		Ø	⋘	≪	<	N	>	≫	⋙	⋙>	R	F	H	M
	Bifidobakterien													
	Laktobazillen													
	Bacteroides saccharolytisch													
	Bacteroides andere													
	Mitsuokella													
	Eubakterien	Ø	1	2	3	4	5	6	7	8	R	F	H	M
	Clostridium perfringens													
	Clostridium cocleatum													
	Clostridium innocuum													
	Clostridium andere													
	Megasphaera	Ø	1	2	3	4	5	6	7	8	R	F	H	M
	Peptostreptokokken													
	Sarcina													
	Megamonas													
	andere Anaerobier													
	Enterokokken													
	andere Streptokokken	Ø	1	2	3	4	5	6	7	8	R	F	H	M
	E.coli													
	Proteus													
	Klebsiella													
	Citrobacter													
	Enterobacter	Ø	1	2	3	4	5	6	7	8	R	F	H	M
	Hafnia													
	Acinetobacter													
	Pseudomonas													
	Yersinia	Ø	1	2	3	4	5	6	7	8	R	F	H	M
	Campylobacter													
	Staph. aureus													
	Candida													
	apathogene Hefen													
		Ø	1	2	3	4	5	6	7	8	R	F	H	M

2. Befundbericht eines Patienten

Laboratorium für diagnostische Mikrobiologie

Dr. Schuler

BERATENDER MIKROBIOLOGE

Beratung * Sachverständigengutachten

Dr.R.Schuler * Etztalstr. 14 * Postfach 9 * W-8137 Berg 1 * Telefon 08151/50044 * Telefax 08151/50421

Herrn Heilpraktiker
Wolfgang Spiller
Zentrum für Naturheilverfahren

Steinbacher Str. 13

6149 Fürth/Odenwald

Ärztliche Leitung:
Frau I. Wagner
Ärztin

Berg, den 14.12.90 Wa/MK

Bakteriologische Stuhluntersuchung

Ihre Einsendung vom 12.12.90

Nr.# 147/12/90 K-Nr. 16105
geb.: 23.11.28

A) Befundübersicht:

Daten der Probe:
*** pH: 5.70 *** Redoxpotential: -160 mV *** Konsistenz: breiig

Bifidobakterien (Gesamtgruppe) stark reduziert. Lactobazillen nicht nachweisbar. Bacteroidesgruppe (saccharolyt.) deutlich vermindert. Eubacterium aerofaciens normal. Andere Eubakterien leicht reduziert. Clostridium perfringens normal. Andere Clostridien leicht vermehrt. Enterokokken stark reduziert. E.coli deutlich vermindert. Candida nicht nachweisbar.

B) Interpretation des Ergebnisses:

Die Säuerungsflora des Colons, Bifidobakterien, war zahlenmäßig stark bis deutlich reduziert nachzuweisen. Artenmäßig setzte sich diese aus überwiegend für einen erwachsenen Mischköstler charakteristischen Stämmen zusammen. Deutlich bzw. leicht vermindert zeigten sich Bacteroides und Eubakterien, zwei weitere Leitformen des Colons.

Reaktiv zur Reduzierung der Leitflora breiteten sich diverse schwefelwasserstoffbildende Clostridienstämme leicht vermehrt aus.
Schwefelwasserstoff wird normalerweise bereits in der Darmwand entgiftet. Kommt es jedoch zu einem größeren Anfall dieses hochtoxischen Stoffwechselproduktes, so kann dies zu einer Überlastung der Entgiftungsmechanismen der Darmwand führen. Schwefelwasserstoff tritt in den Blutkreislauf über und belastet so den Organismus subtoxisch.

Der pH-Wert liegt mit 5,7 innerhalb des Normbereiches von 5,2 – 5,8. Dies entspricht in etwa dem bakteriologischen Befund.

Lactobazillen, die Säuerungsflora des terminalen Ileums, lagen unter der anzüchtbaren Nachweisgrenze von 10^5 koloniebildende Einheiten/g Faeces. Die breiige Stuhlkonsistenz bot den feuchtigkeitsbedürftigen Lactobazillen während des Transportes und der Dickdarmpassage gute Überlebensbedingungen. Mit einer bereits umfangreichen Reduktion der Säuerungsflora im terminalen Ileum ist deshalb zu rechnen. Im Hinblick auf die unauffälligen Stuhlgewohnheiten ist die Dysbiose des Dünndarmes nicht als Overgrowth-Syndrom zu bezeichnen. Es besteht die Gefahr, daß sich im Laufe der Zeit ein solches entwickelt.

Wir empfehlen die Substitution von physiologischer Dünndarmflora durch Anwendung von Symbiontenkulturen, die wir individuell aufgrund des vorliegenden Befundes zusammenstellen werden. Ein Therapiezeitraum von mindestens 6 Monaten erscheint dabei angezeigt. Während der Einnahme sollten keine zeitlichen Intervalle eintreten. Dieser Hinweis ist deshalb wichtig, weil die Symbiontenkultur ein Arzneimittel mit höchstdosiertem Anteil an lebenden Lactobazillen und/oder Bifidobakterien ist und die Wirkung solcher Medikamente ausschließlich von der Menge der täglich und regelmäßig zugeführten lebenden Keime abhängt. Die gleichzeitige Verabreichung lebender Colibakterien ist contraindiziert.
Zur Bekämpfung der Clostridienvermehrung sollte gleichzeitig eine spezielle Lactobazillenkultur eingesetzt werden. Dieses Arzneimittel enthält hemmstoffbildende Lactobazillen (Lactobacillus casei, Lactobacillus Gasseri, Lactobacillus Delbrückii, Lactobacillus reuteri) ebenfalls in höchster Dosierung. Dabei richtet sich die Hemmwirkung ausschließlich gegen Clostridien und ammoniakbildende Enterobacterien (z. B. Klebsiella, Proteus).

Wir bitten um eine kurze Mitteilung, ob die empfohlenen Kulturen zum Versand kommen sollen. Hierzu benötigen wir noch die Angabe einer Apothekenadresse.

Da eine Unverträglichkeit von Kuhmilchprodukten angegeben wird, werden wir die Kulturen auf Sojaeiweißbasis herstellen.

Mit bestem Dank für die Überweisung und freundlichen Grüßen

J. Wagner

1. Anamnesebogen

Name des Patienten (gegebenenfalls Anschrift) ____________________

Vorname: ____________ Geb.-Dat.: ____________

Rechnung an Patient: ____________________

Straße ____________________

Ort ____________________

Pharma-Labor „Blankenese" · Postfach 880 · 2200 Elmshorn

Pharma-Labor Blankenese

☎ (0 41 21) 2 48 31 · Postfach 880
Flamweg 132–134
2200 Elmshorn bei Hamburg

Absendetag:

Eingang: Nr.:

- ☐ Mykologische Untersuchung
- ☐ Bakteriologische Untersuchung
- ☐ Pankreas-Diagnostik

☐ Stuhl ☐ Sputum ☐ Harn ☐ ________

Hier bitte Ihren Praxisstempel deutlich einsetzen

(Bitte unterstreichen)

1. Stuhlgang:	Obstipation, Diarrhoe, Blähungen, Divertikel
2. Kost:	gemischte Kost, vorwiegend Fleischkost, Milchspeisen (Kefir, Schimmelkäse, Quark, Joghurt)
3. Bisherige Medikation:	Antibiotika, Sulfonamide, Abführmittel, lebende Symbionten z.B. (Mutaflor, Perenterol, Bio-Cult)
4. Kontakt mit Tieren:	Katzen, Hunde, Sonstiges
5. Eigene Bemerkung:	____________________

Mykologische Untersuchung:

☐ C. albicans	Anzahl:	Befund: negativ ________
☐ C. brumptii	________	positiv ________
☐ C. guilliermondii		schwach ________
☐ C. intermedia		mittel ________
☐ C. krusei		stark ________
☐ C. parapsilosis		pH Wert : ________ (6,5–7,5)
☐ C. pseudotropicalis		Farbe : ☐ normal ________
☐ C. stellatoidea		☐ ________
☐ C. tropicalis		Konsistenz : ☐ dickbreiig ________
☐ C. zeylanoides		☐ dünnbreiig ________
☐ Geotrichum candidum		☐ fest ________
☐ Blutnachweis neg: ______ pos.: ______ (Haemocult)		☐ ________

Bakteriologische Untersuchung: siehe Anlage

Pankreas-Funktions-Diagnostik: siehe Anlage

- ☐ Lipid-Nachweis ____________________
- ☐ Stärke-Nachweis ____________________

Therapievorschlag:

Anti-Pilz-Diät: ja ________ nein ________

Pharma-Labor Blankenese, Flamweg 132–134, 25335 Elmshorn

2. Befundbericht eines Patienten

Name des Patienten (gegebenenfalls Anschrift)
Frau M. B.
Vorname: —— Geb.-Dat.: 29.3.54
Rechnung an Patient:
Straße
Ort

Pharma-Labor „Blankenese" · Postfach 880 · 2200 Elmshorn

Wolfgang Spiller
Heilpraktiker · Ernährungstherapeut
Niedere Straße 24
7730 VS-Villingen

Hier bitte Ihren Praxisstempel deutlich einsetzen

Pharma-Labor Blankenese
☎ (0 41 21) 2 48 31 · Postfach 880
Flamweg 132–134
2200 Elmshorn bei Hamburg

Absendetag: 7. 11. 90 seit 3 Tagen Ernährg. ohne tier. Eiweiß
Eingang: 8. 11. 90 Nr.:
☒ Mykologische Untersuchung 37
☒ Bakteriologische Untersuchung
☐ Pankreas-Diagnostik
☐ Stuhl ☐ Sputum ☐ Harn ☐ ________

(Bitte unterstreichen)
1. Stuhlgang: Obstipation, Diarrhoe, Blähungen, Divertikel
2. Kost: gemischte Kost, vorwiegend Fleischkost, Milchspeisen (Kefir, Schimmelkäse, Quark, Joghurt)
3. Bisherige Medikation: Antibiotika, Sulfonamide, Abführmittel, lebende Symbionten z.B. (Mutaflor, Perenterol, Bio-Cult)
4. Kontakt mit Tieren: Katzen, Hunde, Sonstiges
5. Eigene Bemerkung: Antibiotika Allergie bei allergischen Reaktionen

Mykologische Untersuchung:

☒ C. albicans — Anzahl: — Befund: negativ ________
☐ C. brumptii — positiv ✗
☐ C. guilliermondii — schwach ________
☐ C. intermedia — mittel ✗
☐ C. krusei — stark ________
☐ C. parapsilosis — pH Wert: 7,0 (6,5–7,5)
☐ C. pseudotropicalis — Farbe: normal
☐ C. stellatoidea — Konsistenz: dickbreiig
☐ C. tropicalis
☐ C. zeylanoides
☐ Geotrichum candidum
☐ Blutnachweis neg.: ✗ pos.: ________ (Haemocult)

Bakteriologische Untersuchung: siehe Anlage

Pankreas-Funktions-Diagnostik:
☐ Lipid-Nachweis
☐ Stärke-Nachweis

Therapievorschlag:

Anti-Pilz-Diät: ja ✗ nein ________

Patienten-Name Frau M. B.

Geburts-Datum	Labor-Nr.	
29.03.54	Ausdruck vom:	08.11.90/6328 12.11.90

Untersuchungsmaterial:
Stuhl

Anforderung:
Yersinien
Salmonellen und Shigellennachweis

Ergebnis der Kultur:
Keine Salmonellen, Shigellen oder
Enteritiserreger nachweisbar
Yersinia enterocolitica nicht
nachweisbar

ENDBEFUND

Mit freundlichen Gruessen

Wie unschwer zu erkennen ist, haben die Labors unterschiedliche Ansätze und Schwerpunkte in der Diagnostik, Befundung und Therapieempfehlung. Welchem Labor der Vorzug zu geben ist, muß derjenige entscheiden, der im Rahmen seiner Therapie die für ihn adäquate Befundung braucht. Wir geben gerne unsere Erfahrungen weiter.

6. Weiterführende Untersuchungen

Je nach Symptomenlage und Krankheitsbild ist zu entscheiden, welche weiterführenden Untersuchungen anzuordnen sind. Chronischer Juckreiz am After und Eosinophilie (Vermehrung weißer Blutkörperchen) werden immer an einen parasitären Befall denken lassen. Verdacht auf tumoröse Prozesse im Intestinum erfordern eine Überprüfung der Faeces (Ausscheidungen) nach okkultem Blut. Fäulnis- und Gärungsstühle, unverdaute Speisen, Durchfälle und Gewichtsabnahme machen es sinnvoll, Verdauungsenzyme zu kontrollieren, ebenso wie bei einer Candida-Mykose Candida-Serologie angefordert werden muß.

Wir verweisen hier auf die vielfältige Spezialliteratur.

Parameter zur Candida-Serologie:

Candida-IFT-IgG
Candida-IgG-Titer
Candida-IFT-IgM
Candida-Antigen

Siehe nebenstehenden Befund der Patientin R. C. auf S. 144, der einen klaren Hinweis auf eine Candida-Infektion gibt.

Prof. Dr. med. J. Blessing
Arzt für Laboratoriumsmedizin
Arzt für Mikrobiologie und Infektionsepidemiologie

7700 Singen, den
Schaffhauser Straße 95
Postfach 12 60
Telefon (0 77 31) 6 16 66 + 6 36 66

Prof. Dr. med. J. Blessing · Postfach 12 60 · D-7700 Singen (Hohentwiel)

Singen, den 12.03.1992

Herrn ███. ███
W. Spiller

Niedere Str. 24

7730 Villingen

Befundbericht

Vielen Dank für Ihre Überweisung. Wir erhoben folgenden Befund:

Patient	Geb.-Datum	Eingang/Nr./Ausgang	
R███, C███	15.10.1940	11.03.1992 / SE5404	Prof. Dr. med. J. Blessing Schaffhauser Straße 95 7700 Singen Tel. (0 77 31) 6 16 66 + 6 36 66
Material: Vollblut		12.03.1992	

	Ergebnis	Normbereich
Candida-Serologie:		
Candida IFT-IgG	positiv	negativ
Cand. IFT-IgG-Titer	1:256	<1:80
Candida IFT-IgM	grenzwertig	negativ
Candida-Antigen	negativ	negativ

Endbefund vom 12.03.92

Diesen Befund können Sie auf DIN A 5 mittels Perforation spiegelfreundlich verkleinern.

Mit kollegialen Grüßen

Prof. Dr. med. J. Blessing

7. Bioelektronische Meßmethoden

Unter bioelektronischen Meßverfahren verstehen wir Untersuchungsmethoden zur Erfassung der energetischen Situation eines Organes, eines Organsystems, von Körperquadranten und des gesamten Organismus. Gemessen wird mit Geräten, die in der Lage sind, feinstoffliche Impulse des Körpers aufzunehmen und in Form von Meßwerten, Bildern oder Grafiken sichtbar zu machen. Die so gewonnenen Ergebnisse dienen einer energetischen Beurteilung des Organismus. Die bekanntesten Verfahren sind:

- Elektroakupunktur nach *Voll*
- Vegetativer Regulationstest
- Bioelektronische Funktionsdiagnostik
- Energetische Terminal Diagnostik (Kirlianfotografie)
- Segmentelektrografie

Generell sind diese Methoden geeignet, eine energetische Fülle oder Leere im traditionellen chinesischen Sinne wiederzugeben. Die alte chinesische Medizin nämlich definierte die Begriffe Gesundheit und Krankheit auf das Verständnis von harmonischem energetischem Gleichgewicht oder disharmonischem energetischem Ungleichgewicht im Körper. Während bei Gesundheit alle Energie gleichmäßig und harmonisch durch den Körper fließt, kommt es bei Krankheit zur energetischen Fülle auf der einen Seite und energetischen Leere auf der anderen. Ziel der Chinesen war es daher, z. B. mittels Akupunktur, das Fließgleichgewicht der Energie wiederherzustellen.

Die energetischen Meßmethoden machen sich dieses Prinzip für die Diagnostik zu eigen und stellen weiterhin eine Symbiose zu westlichen Denkweisen her. Sie vereinen zum

Beispiel die energetische Denkweise der Chinesen mit dem Informationsprinzip der Homöopathie. So kann ein Therapeut z. B. anhand seiner energetischen Meßmethode an einem oder mehreren Akupunkturpunkten den Energiefluß des Menschen erfassen und gleichzeitig an denselben Punkten die oder das homöopathische Mittel testen, welche die energetische Störung beheben. Diese geniale technische Umsetzung macht es heute der holistischen (ganzheitlichen) Medizin möglich zu klaren Aussagen über energetische Störungen im Körper zu kommen, bevor die Störung sich als Organschaden materialisiert hat. Hier liegt die große Bedeutung dieser Medizin, vor allem in bezug auf Krankheitsverhinderung. Dieses Hineinstoßen in die diagnostische Grauzone der materialistisch denkenden Medizin hat vielen – oft schon verzweifelten – Patienten geholfen. Wie oft erleben wir in der Praxis die Situation, daß ein leidender Mensch mit einer Vielzahl von Beschwerden vor uns sitzt und uns mitteilt: »*Ich bin überall untersucht worden. Keiner hat etwas gefunden. Alle Laborwerte bei mir sind normal. Nun hat man mir empfohlen, in eine psychosomatische Klinik zu gehen.*«

Und dann stellt sich bei energetischen Messungen heraus, daß viele energetische Blockaden vorliegen aufgrund infekttoxischer Belastungen oder Amalgambelastungen oder Nahrungsmittelunverträglichkeiten oder Pilzbefall oder Herdbelastungen oder einer schweren Dysbiose. Daher bieten sich diese Methoden – gerade über den Medikamententest – an, frühe funktionelle Störungen im Verdauungstrakt zu erkennen und mit einfachen Mitteln zu beseitigen. Es können wunderbar Darmnosoden ausgetestet und eine individuelle Symbioselenkung gemacht werden. Über die Verlaufskontrollen wird auch der Erfolg der Therapie sichtbar, oder es müssen entsprechende Korrekturen vorgenommen werden. Es würde den Rahmen dieses Buches sprengen, alle diese Methoden im einzelnen darzulegen, so daß wir auch hier auf die jeweilige Literatur verweisen müssen, oder wenden Sie sich an die Schule für energetische Diagnose- und Therapieverfahren (SEDT), Hermann-Löns-Weg 7, Preetz.

8. Differentialdiagnostische Maßnahmen

Eine deutliche Zunahme einer Krankheitsform muß in den letzten Jahrzehnten verzeichnet werden, nämlich der verschiedenen Formen der Colitis (Dickdarmentzündung). Colitis cystica, Colitis mucosa, Colitis regionalis und Colitis ulcerosa sind hier besonders anzuführen. Die Ursachen sind sicher vielfältig, doch stehen unserer Meinung nach Fehlernährung und Antibiotikamißbrauch an erster Stelle. Daß Fehlernährung einen ungünstigen Einfluß auf die Darmkeime hat, haben wir oben schon besprochen. Am dramatischsten zerstören jedoch Antibiotika die Intestinalflora. Besonders eindrucksvoll läßt sich dies am Beispiel der Colitis pseudomembranacea darstellen. Sie ist eine Form der antibiotikaassoziierten Colitis. Nach Clindamycingaben kann es zum Überwuchern der Schleimhaut mit Clostridium difficile kommen. Als Folge treten nekrotisierende Entzündungen der Darmschleimhaut auf. Liegen also entsprechende Beschwerden und Anzeichen vor, herrscht ein Clostridienbefall im Faeces vor, muß dies differentialdiagnostisch abgeklärt werden. Ebenso zeigt die Colitis ulcerosa im Röntgenbild ganz typische Strukturen, wie z. B. das völlige Fehlen der Haustrierung im ganzen Colon.

Röntgen, Sonografie und Serologie sind differentialdiagnostische Maßnahmen, die darum in bestimmten Situationen durchaus ihre Berechtigung haben.

Kapitel 16

Die Therapie des gestörten Ökosystems Darm – die Symbioselenkung

Das lebensnotwendige Zusammenleben zwischen Keimen in unserem Organismus und uns selbst bezeichnen wir als Symbiose. Ungünstige Veränderungen werden als Dysbiose gekennzeichnet. Das Einregulieren einer Dysbiose hin zu einer Eubiose oder intakten Symbiose heißt Symbioselenkung. Daß es allerdings nicht allein damit getan ist, fehlende Keime anzusiedeln oder überwuchernde Keime zu unterdrücken, haben wir ausführlich besprochen.

So wie Eubiose und Dysbiose nicht von einem Faktor abhängig sind, so muß auch die Symbioselenkung multifaktoriell gesehen werden. Ein ganzheitlicher Ansatz, der die Vielfältigkeit dessen berücksichtigt, was den Zustand einer Dysbiose bedingen kann, führt letztlich zu einer erfolgreichen Symbioselenkung. Alles andere bleibt im Ansatz stecken, bringt unzufriedene Resultate oder Rezidive. Der Idealzustand Eubiose ist zwar immer anzustreben, aber oft nur schwer zu realisieren. Erfolg bringen oft Erfahrung, Geduld, zuverlässige Befunde und Präparate sowie ernährungstherapeutische Konsequenz. Wie so oft, wenn es um lebende, beseelte und individuelle Organismen geht, führen viele Wege nach Rom. Auch unser Weg ist gepflastert mit Irrtümern. Wir sind weiterhin noch ständig auf der Suche, und wir möchten noch einmal daran erinnern, daß das hier Niedergeschriebene eine Diskussionsgrundlage sein soll, die sich mit unseren Erfahrungen auseinandersetzt – und keine Bewertung irgendwelcher anderer Therapieformen und Präparate darstellen soll.

Wir teilen die Formen der Symbioselenkung in fünf Gruppen auf, die sowohl für sich allein stehen können, aber auch in Beziehung zueinander betrachtet werden müssen.

Formen der Symbioselenkung

1. Die unspezifisch-milieu-orientierte Symbioselenkung
2. Die unspezifisch-lymphatisch-orientierte Symbioselenkung
3. Die unspezifisch-immunologisch-orientierte Symbioselenkung
4. Die spezifisch-keimorientierte Symbioselenkung
5. Die Nosodentherapie

Bevor wir uns die einzelnen Formen der Symbioselenkungen anschauen, dürfte noch zu klären sein, in welcher Form Symbiontenkulturen hergestellt und verabreicht werden. Es gibt hier einige Überlegungen anzustellen.

1. Möchte ich direkt Keime im Darm ansiedeln, muß ich lebende Kulturen in Kapseln einpacken, die nicht magensaftlöslich sind, da sie dort sofort unwirksam werden, vor allem wenn es um Bakterienstämme des Dickdarms und unteren Dünndarms geht.Ein Präparat, auf das das oben Beschriebene zutrifft, ist *Mutaflor* von der Fa. *Ardeypharm*.
2. Eine zweite Möglichkeit ist die Verabreichung von keimfähigen Sporen, wie im Präparat *Bactisubtil* der Fa. *Merrell*.
3. Die häufigste Form der Symbioselenkung findet statt mit Stoffwechselprodukten von diversen Keimen, die unterschiedlich aufbereitet werden:

- gefriergetrocknete Reinkulturen z. B. *Omniflora* von der Fa. *Med-Fabrik*
- keimfreies, wäßriges Konzentrat, z. B. *Hylak* von der Fa. *Merckle*
- Lyophilisat, z. B. *Omnisept* von der Fa. *Delalande*
- steriles Autolysat, z. B. *Pro-Symbioflor* von der Fa. *Symbiopharm*
- in Milchpulverform, z. B. *Acidophilus* von der Fa. *Zyma*

4. Die homöopathische Aufbereitung
   - Bakteriennosoden, z. B. von der Fa. *Staufen-Pharma*
   - Potenzakkorde, z. B. von der Fa. *Heel*

Kapitel 17

Die unspezifisch-milieu-orientierte Symbioselenkung

Die einfachste Art, eine unspezifische Symbioselenkung vorzunehmen, sind Streßabbau und gesunde Ernährung. Welche Auswirkungen Streß und Ernährung auf die Intestinalflora haben, wurde oben schon besprochen. Medikamentös kommen vor allem Maßnahmen in Frage, die das Milieu beeinflussen. Hier muß zu allererst an rechtsdrehende Milchsäure gedacht werden. Diese Milchsäure kann auf direktem Wege oral zugeführt werden, z. B. über Präparate wie *Gelum* von der Fa. *Dreluso*, *Sanuvis* von der Fa. *Sanum*, *Hylak forte* von der Fa. *Merckle*, oder auf indirektem Weg durch Gabe von Milchzucker. Milchzucker dient als Nährstoff für physiologische Darmkeime. Diese metabolisieren Milchzucker zu Milchsäure und scheiden ihn aus. Dadurch wird die nützliche Darmflora gefördert.

Eine andere Art der Milieuveränderung wird erreicht durch die Gabe von Heilerde und Moor. Beide absorbieren Gift- und Fremdstoffe im Verdauungstrakt und sind besonders geeignet bei Durchfall und Blähungsbeschwerden. Bei sehr hartnäckigen Mykosen im Intestinum hat sich als unspezifische Maßnahme eine Kur mit gereinigtem Petroleum bewährt. Petroleum besitzt nämlich eine antimykotische Wirkung. Man geht wie folgt vor:

Verabreicht wird Oleum petrae album rect., Aromatengehalt: max. 0,001%, Siedebereich 185–225 Grad, über einen Zeitraum von 6 Wochen morgens nüchtern, 1 Teelöffel. Dann macht man je nach Situation eine Pause von 4–8 Wochen, um dann die Kur zu wiederholen. Wir haben damit sehr gute Erfolge erzielt bei Patienten mit schweren Allgemeinkrankheiten, wo aufgrund der desolaten Abwehrfunktion Mykosen untherapierbar erschienen.

Kapitel 18

Die unspezifisch-lymphatisch-orientierte Symbioselenkung

Die mukosa-assoziierten Lymphgewebe im Bereich der oberen Luftwege und die lymphatischen Organe in Mund und Rachen sind zweifelsohne wesentliche Komponenten des körpereigenen Abwehrsystems und stehen in direkter Beziehung zum darm-assoziierten Lymphsystem. Eine Blockade des Darmwandlymphatikums, verursacht durch Konsum tierischer Produkte, intestinaler Autointoxikation und infekttoxische Belastungen, hemmt in erheblichem Maße die Toxinausleitungsaktivität.

Dies hat nicht nur Konsequenzen für das gesamte Intestinum, sondern steht in ursächlichem Zusammenhang mit einer Vielzahl von Erkrankungen des Kopf- und Brustbereichs, wie Bronchitis, Laryngitis (Kehlkopfentzündung), Pharyngitis (Rachenentzündung), Ostitis (Knochenentzündung), Sinusitis (Nebenhöhlenentzündung), Rhinitis (Schnupfen) und Angina (Rachenmandelentzündung). Affektionen im Lymphatikum sind ohne dysbiotische Verhältnisse und Blockade des Darmwandlymphatikums überhaupt nicht denkbar. Bei über tausend Messungen an Patienten über die Elektroakupunktur nach *Voll* konnten wir immer wieder feststellen, daß das Problem infekttoxischer Belastungen mit erheblichen Dysbiosen bei verminderter Toxinausleitungsaktivität einhergeht. Eine regulierende Beziehung zum Lymphsystem scheint das Bacterium coli zu haben. Werden nämlich bei einer Blockade des Lymphaticums Symbiontenpräparate eingesetzt, die aus Stoffwechselprodukten von E. coli stammen, verbessert sich die Toxinausleitung signifikant. Präparate, die hier besonders effektiv wirken, sind: *Prosymbioflor, Symbioflor I, Symbioflor II, Colibiogen, Hylak forte.*

Kapitel 19

Die unspezifisch-immunologische Symbioselenkung

Generell haben alle Formen der Symbioselenkung einen Einfluß auf die Aktivierung des humoralen und zellulären Immunsystems. Während die meisten Reaktionen unspezifisch sind, sieht es bei der Behandlung mit Vakzinen (Impfstoffen) etwas anders aus. Die aus abgetöteten Erregern der patienteneigenen Faeces gewonnenen Vakzine lösen im Körper eine Immunreaktion aus. Die z. B. vom mikrobiologischen Institut in Herborn hergestellte Autovakzine enthält vor allem die Impfstoffe aus den abgetöteten Erregern, E. coli, Enterobakterien und R-Formen von Colibakterien. Durch das wiederholte Injizieren dieser Autovakzine kommt es im Immunsystem zu einer Antikörperreaktion. Die Bildung dieser Antikörper ruft wiederum eine immunologische Gegenreaktion hervor, die erneut Antikörper entstehen läßt. Diese komplizierte Antigen-Antikörperreaktion führt nach Angaben des Instituts zu einer langdauernden Aktivierung des Immunsystems und zu einer Stabilisierung der Darmschleimhaut. Nach *Köhler* und *Eichmann, Roitt* und *Vorlaender* beruht die Wirkungsweise der Autovakzinetherapie auf Immunmodulation, Immunstimulation und Immundeviation.

Weiterführende Literatur: Mikrobiologische Therapie – Informationsblatt, Institut für Mikroökologie, 35745 Herborn.

Kapitel 20

Die spezifisch-keim-orientierte Symbioselenkung

Die keim-orientierte Symbioselenkung entspricht im Prinzip einer Substitutionstherapie. Physiologische Keime, die im Befund deutlich reduziert nachzuweisen sind, werden in Lebendform von außen zugeführt. Meist handelt es sich um die Leitflora des Dünn- und Dickdarms wie Lactobazillen, Bifidobakterien und Colibakterien. Die bekannteste Form der Keimsubstitution ist wohl das von *Prof. Nissle* entwickelte Colipräparat *Mutaflor*. Je nach Stärke sind 4, 20 oder 100 mg vermehrungsfähiger E. coli enthalten. Dies entspricht 1, 5 oder 25 Milliarden Keimen. Lactobazillen und Bifidobakterien, die ein ganz bestimmtes Milieu benötigen, können nicht in Lebendform zugeführt werden. Hier muß auf pulverisierte oder gefriergetrocknete Stoffwechselprodukte dieser Keime zurückgegriffen werden. Bifidobakterien und Colibakterien scheinen in sehr enger Symbiose zu leben. Manchmal erreicht man über die Sanierung der Bifidobakterien gleichzeitig eine Sanierung der Colibakterien. In welchen Situationen vom Therapeuten wie zu reagieren ist, werden wir später an einigen Fallbeispielen erläutern.

Kapitel 21

Die Nosodentherapie

Auf der Grundlage des Gedankenguts der Homöopathie entwickelten sich sehr bald verschiedene therapeutische Prinzipien. In der klassischen Form steht das Hahnemannsche Prinzip der Ähnlichkeitsregel in bewährter Weise, bei dem Ähnliches mit Ähnlichem zu behandeln sei, neben dem Prinzip der isopathischen Idee, Gleiches mit Gleichem zu heilen. Beides hat wohl seine Berechtigung, sowohl für sich allein, als auch in Kombination. Entscheidend ist wohl, dem Körper die Information zu vermitteln, die es ihm möglich macht, seine Selbstheilungskräfte zu entfalten. Dieses Prinzip machen wir uns zunutze, wenn wir homöopathisierte Bakterienkeime oral, perkutan oder parenteral verabreichen. Welche Nosoden zur Anwendung kommen und in welcher Form, wird über bioenergetische Meßverfahren ausgetestet. Somit gibt uns das Meßverfahren einerseits Auskunft über den Schweregrad der Dysbiose und andererseits Informationen über das richtige Heilmittel. Wir werden später bei der Behandlung von Mykosen sehen, welche große Bedeutung homöopathisierte Darmkeime haben.

Kapitel 22
Flankierende Maßnahmen zur Symbioselenkung

Um dem ganzheitlichen Aspekt einer Symbioselenkung gerecht zu werden, spielen flankierende Behandlungsmaßnahmen eine bedeutende Rolle. Nicht selten müssen Fermentschwächen der Verdauungssäfte mitbehandelt werden, muß man eine Hyper- bzw. Hypazidität des Magens beseitigen, sowie eine Schleimhauttherapie oder begleitende immunmodulierende Verfahren einsetzen. Auf einige wichtige soll kurz eingegangen werden.

1. Enzymtherapie

Bei vielen Menschen finden wir – bedingt durch eine denaturierte Ernährungsweise – eine Verdauungsinsuffizienz in bezug auf Fermentleistung der Verdauungssäfte. Es muß sich hier nicht gleich um massive dyspeptische Zustände handeln, sondern die leichten bis mittleren Enzymschwächen verursachen schon erhebliche Verdauungsbeschwerden. Wir empfehlen darum neben den gezielten Symbioselenkungsschritten eine begleitende Enzymsubstitution. Bewährt hat sich das Präparat Enzym *Harongan N* von der Fa. *Schwabe*. Wir geben je nach Situation ein oder zwei Dragees vor den Mahlzeiten.

2. Hypazidität – Hyperazidität

Wird vom Magen zu wenig Magensaft produziert, leidet vor allem die Aufspaltung der Proteine. Die schlecht vorverdaute Nahrung muß dann im Darm durch Bakterien metabolisiert werden. Als Folge treten Fäulnisprozesse, Blähungen und Völlegefühl auf. Die Magenschleimhaut kann sehr gut über Bitterstoffe angeregt werden. Es gibt hier viele phytotherapeutisch bewährte Möglichkeiten; wir haben sehr gute Erfahrungen mit *Amara-Tropfen* der Fa. *Pascoe* gemacht.

Die Dosierung beträgt je nach Fall 15 – 25 Tr. vor den Mahlzeiten.

Liegt jedoch eine Übersäuerung vor, sind Bitterstoffe fehl am Platz. Hier bewährt sich besonders *Argentum nitricum* als Potenzakkord. Phänomene wie Unter- bzw. Übersäuerung des Magens sind immer Symptome, nie Ursachen von Krankheiten. Sie weisen meist auf Fehlernährung, Konsum von Genußmitteln und psychische Belastungen hin. Folglich macht die symptomatische Behandlung der daraus resultierenden Beschwerden wenig Sinn.

3. Immunstimulation

Kein System in unserem Organismus reagiert so hochsensibel auf Störungen wie unser Immunsystem. Humorales, zelluläres und unspezifisches Abwehrsystem sind Begriffe, die in den letzten Jahren geprägt wurden, nachdem durch intensive Forschung viel Wissen über die Funktion dieses für uns so lebenswichtigen Systems erarbeitet werden konnte. Während die Denkrichtung der orthodoxen Medizin fast ausschließlich mit Methoden der Immunsuppression arbeitet, um bestimmte Krankheiten zu bekämpfen (Antibiotika, Cortison, Zytostatika), versucht die holistische Medizin das Immunsystem zu stärken oder zu modulieren (Thymuskur, Echinacin, Mistel, Symbioselenkung, Ernährung u. v. a. m.). Während auf der einen Seite immer noch das Denken vorherrscht, Bakterien seien Feinde des Menschen und müßten mit allen Mitteln bekämpft werden, hat die andere Seite begriffen, daß Bakterien Freunde des Menschen sind und das Milieu darüber entscheidet, ob Keime Krankheiten verursachen. Wie wir am Beispiel Darmkeime und darmassoziiertes Immunsystem gesehen haben, bedeutet die Symbiose zwischen Mikroorganismus und Makroorganismus überhaupt erst Lebensfähigkeit für das Individuum. Je desolater die Dysbiose im Darm, desto abwehrschwächer ist der Organismus. Infektionen jeglicher Art sind ohne veränderte Intestinalflora und ohne verändertes lokales wie systemisches Milieu überhaupt nicht denkbar. Wir wissen, daß wir hier Grundpfeiler der Schulmedizin umstoßen. Aber die tägliche Arbeit am Kranken zeigt uns immer wieder, daß neue Denkansätze gefordert sind. Die konventionelle Medizin wird dann zum Segen der Menschheit, wenn sie sich wieder auf ihre Wurzeln besinnt, wenn sie eine Medizin im hippokratischen Sinne wird.

Es gibt viele Möglichkeiten, anregend und modulierend auf das Immunsystem einzuwirken. Im Zusammenhang mit dysbiotischen Situationen tun wir dies mit *Propolis Urtinktur* oder *D2* von der Fa. *Hanosan* sowie mit Injektionen von *Engystol* der Fa. *Heel. Propolis* und *Engystol* spielen gerade in der Mykosetherapie eine große Rolle.

4. Stoffwechselaktivierung

Die Bedeutung der Mykosen wurde im Kapitel Darmmykose und Organmykose ausführlich erläutert. Hat sich eine Darmmykose auf hämatogenem oder lymphogenem Weg zu einer Organmykose entwickelt, beeinträchtigen die Mykotoxine in erheblichem Maße den Zellstoffwechsel und greifen störend in den Zitronensäurezyklus ein. Wir vermuten einen Pyruvat-Stau bei erheblicher Verlangsamung der Endoxidation.

Patienten, die unter einer Organmykose leiden, klagen deswegen häufig über Symptome wie Müdigkeit, Energielosigkeit, Vergeßlichkeit, mangelnde Konzentrationsfähigkeit, Verwirrtheitszustände und haben oft das Gefühl »benebelt« zu sein. Um den Ablauf des Zitronensäurezyklus wieder zu aktivieren und um damit der Zelle wieder die Möglichkeit zu geben, die Mykotoxine auszuscheiden, verabreichen wir täglich die intermediären Katalysatoren des Zitronensäurezyklus von der Fa. *Heel* per Infusionen über einen Zeitraum von 2–3 Wochen. Mit dieser Vorgehensweise und entsprechender Begleitmedikation haben wir selten ein Versagen der Therapie gehabt. Viele Fälle sind dokumentiert und können eingesehen werden.

6. Schleimhauttherapie

Dysbiosen und Mykosen führen, wie vielfach bewiesen, zu Irritationen, Entzündungen und Degenerationen der Darmschleimhaut mit zum Teil katastrophalen Folgen wie Colitis ulcerosa, Colitis pseudo-membranacea, Morbus Crohn und enterale Allergien.

Viele dieser schweren Krankheitsbilder sind nicht mehr zu heilen, nur noch zu lindern. Am häufigsten werden wir mit den verschiedenen Formen der Nahrungsmittelunverträglichkeit konfrontiert, an zweiter Stelle stehen die verschiedenen Colitisarten. Neben den ursächlich einzusetzenden Maßnahmen empfehlen wir zur Schleimhauttherapie Injektionen der Präparate *Coenzym compositum, Engystol* und *Mucosa compositum* der Fa. *Heel* als Mischinjektion über einen längeren Zeitraum. Je nach Schwere des Falles sind die Injektionen täglich einzusetzen.

7. Colon-Hydro-Therapie

Die Colon-Hydro-Therapie, auch Darmbad genannt, ist eine physikalische Maßnahme, um über den Darm »entgiftend« zu wirken, vor allem während Fastenkuren, Umstellung auf Rohkost und bei Obstipation. Bei dieser Therapieform wird nach Legen eines Darmrohres, das an ein geschlossenes System angekoppelt ist, 45 Minuten lang mit gefiltertem Wasser der Dickdarm durchgespült, wobei eine begleitende Bauchmassage von entscheidender Wichtigkeit ist. Ziel dieses Vorgehens ist es, alte Kotreste, die in den Darmwindungen, Haustrien und Divertikeln festsitzen und dort zu ständigen Fäulnisprozessen führen, aufzuweichen und herauszuspülen. Die im Darm entstehenden Giftstoffe werden so schnell nach außen gebracht, und nun kann mit Symbioselenkung und gesunder Ernährung ein darmfreundliches Milieu geschaffen werden. Therapeutisch sind folgende Hauptindikationen zu nennen:

- Obstipation (Verstopfung)
- Blähungen
- Diarrhoe (Durchfall)
- atonisches Colon
- Intestinaltoxämie (Darmvergiftung)
- akute Stuhlstauung
- Parasiteninfektion
- Colitis ulcerosa (Dickdarmentzündung)
- Divertikulitis
- Morbus Crohn
- Kolostomiereinigung
- Hyper-Hypothermie
- Hauterkrankungen
- der rheumatische Formenkreis

Kapitel 23
Ernährungstherapie

1. Heilfasten

Wer sich mit der Vielfalt therapeutischer Möglichkeiten in der Naturheilkunde befaßt hat, wird mit uns übereinstimmen, daß wir das Heilfasten als die effektivste und natürlichste Heilmethode ansehen. Der völlige Verzicht auf feste Nahrung gibt dem Körper Gelegenheit, sich von »Schlacken« und »Giftstoffen« zu befreien. Danach setzen Heilungs- und Regenerationsprozesse ein, so daß mancher Faster sich wie neugeboren fühlt. Verstärkt werden diese Reinigungsprozesse durch Dauerbrause, Einläufe, Darmbäder und Sauna. Gerade der Darmreinigung kommt beim Fasten eine sehr große Bedeutung zu. Alte Kotreste werden aufgeweicht und herausgespült, Toxine abgeleitet und Fäulnisprozesse unterbunden. Weiterhin entgiftet sich der Körper über Haut und Schleimhaut. Schlechter Atem, Körpergeruch und belegte Zunge sind Ausdruck dieser Reinigungsprozesse. Gefastet wird mit Wasser, Frucht- und/oder Gemüsesäften und Tee. Die Flüssigkeitsmenge pro Tag sollte mindestens 2 – 3 Liter betragen.

Während des Fastens wird auf die Gabe von Medikamenten weitgehends verzichtet. Danach kann sofort mit einer Symbioselenkung begonnen werden, nachdem Fastenbrechen und Nahrungsaufbau lege artis (vorschriftsmäßig) durchgeführt wurden. Bei mikrobiologischen Stuhluntersuchungen nach dem Fasten sollte berücksichtigt werden, daß die Befunde aufgrund der Ausscheidung pathogener Keime oft sehr »pathologisch« ausfallen, aber in Wirklichkeit einen Ausscheidungsbefund darstellen.

Denn gerade während des Fastens und einige Wochen danach werden vor allem pathogene Keime ausgeschieden, die in der Mucosa des Darmes eingenistet waren. Das gilt auch für diverse Pilzarten.

Wer mehr über das Heilfasten erfahren will, dem empfehlen wir folgende Literatur:

Dr. Paul C. Bragg – »Wunder des Fastens«

Dr. Herbert M. Shelton – »Fasten kann Ihr Leben retten«

Dr. Lützner – »Wie neugeboren durch Fasten«

Kapitel 24
Ernährungstherapie zur Symbioselenkung

Da wir uns mit dem Thema Ernährung und Symbioselenkung schon sehr ausführlich auseinandergesetzt haben, geben wir hier eine tabellarische Übersicht, welche Ernährungsweise sich bei den einzelnen Störungen im Intestinaltrakt bewährt hat.

Generell gilt: »Je natürlicher, je unverarbeiteter, je naturbelassener die Nahrung, um so wertvoller ist sie für unser Verdauungssystem.«

»Je gründlicher die Nahrung gekaut und eingespeichelt wird, desto mehr schont sie unser Enzymsystem und desto besser wird sie verstoffwechselt.«

»Je weniger die Lebensmittel mit Kunstdünger hochgepäppelt und mit Chemikalien behandelt wurden, desto weniger zerstören sie lebenswichtige Keime.«

»Je sonnengereifter die Nahrung ist und je weniger überzüchtet sie ist, um so vitalstoffreicher sind die Lebensmittel.«

»Je weniger tierische Produkte gegessen werden, desto besser.«

Zu den Lebensmitteln, die symbiosefreundlich sind, gehören:
- alle Obstsorten
- alle Gemüsearten
- alle Salate
- alle eßbaren Nüsse und Samen
- alle Getreidearten

- alles Gekeimte
- alles milchsauer eingelegte Gemüse
- alle Sauermilchprodukte (für Allergiker allerdings tabu – siehe *W. Spille*r – »Neurodermitis – Krankheit ohne Ausweg?«)
- mineralarmes Quellwasser, Tee (außer Schwarztee), Obst- und Gemüsesäfte

Zu den Nahrungsmittel, die symbiosefeindlich sind, gehören:
- Industriezucker und daraus hergestellte Produkte
- Auszugsmehl und daraus hergestellte Produkte
- Industriefette und daraus hergestellte Produkte
- Fleisch
- Fisch
- Geflügel
- Eier
- pasteurisierte, sterilisierte, homogenisierte Milch und daraus hergestellte Produkte
- industriell hergestellte Babynahrung
- Konservierungs-, Farb-, Geschmacks- und künstliche Aromastoffe
- Kaffee, Schwarztee, Alkohol, Nikotin

Ernährung beim Overgrowth-Syndrom

Das Overgrowth-Syndrom stellt den einzigen Zustand der Dysbiose dar, wo es nicht angezeigt ist, überwiegend Frischkost zu essen. Die in den Dünndarm hochgewanderten Keime bekommen einen zu schnellen Zugriff auf die Nahrungsbestandteile und zersetzen diese oft unter heftiger Gasbildung. Je nach Fall und Situation müssen mehr oder weniger gekochte Lebensmittel gegeben werden. In sehr schweren Fällen muß erst einmal ganz auf Rohkost verzichtet werden. Auf gar keinen Fall dürfen tierische Produkte oder industriell verarbeitete Nahrungsmittel verabreicht werden. Auch müssen blähende Speisen reduziert werden.

Ernährung bei Darmmykosen

Wichtig bei ernährungstherapeutischen Maßnahmen zur Bekämpfung von Darmmykosen ist die Tatsache, daß eine Milieuveränderung und eine Herabsenkung des pH-Wertes erreicht wird. Damit wird dem Pilz eine wichtige Lebensgrundlage entzogen. Des weiteren muß bekannt sein, daß Pilze in der Regel Kohlenhydratverwerter sind und somit besonders gedeihen, wenn hauptsächlich Kohlenhydrate in isolierter Form verzehrt werden. Teigwaren, Brot, Kuchen, Gebäck, Zucker, Alkohol und Essig fördern das Pilzwachstum ganz besonders. Honig und Trockenfrüchte müssen aufgrund ihrer konzentrierten Süße ebenfalls gemieden werden.

Dies ist natürlich für viele Betroffene schwer, haben doch gerade Mykosepatienten einen extremen Heißhunger auf Süßes. Kohlenhydrate im Verband eines ganzheitlichen Lebensmittels wie in Obst oder frischem Getreide können ohne Bedenken gegessen werden. Stuhlbefunde, die nach Umstellung auf Frischkost, einen verstärkten Pilzbefall andeuten, sind wiederum Ausscheidungsbefunde, die vorerst nicht zusätzlich therapiert werden müssen. Erfahrung und Geduld helfen oft, die richtige therapeutische Entscheidung zu treffen.

Ernährung bei Fremdkeimbesiedelung

Hier gelten die allgemeinen Richtlinien der frischen Pflanzenkost, wie sie von der natürlichen Gesundheitslehre* und von uns definiert sind. Sämtliche pflanzlichen eßbaren Lebensmittel können entsprechend der Jahreszeit in einem ausgewogenen Verhältnis und je nach individueller Ausrichtung verzehrt werden. Wer Rezeptanregungen möchte, lese die Bücher von *Hohler/Spiller* – »Vegane Rohkost in Theorie und Praxis«, Verlag »Natürlich und Gesund«, Stuttgart, von *Christine Dittmann* »Lichte Nahrung für Körper, Seele und Geist« erschienen im Eigenverlag sowie von *Harvey* und *Marilyn Diamond* – »Fit für's Leben I und II« Waldthausen-Verlag

---

* *Information über die natürliche Gesundheitslehre erhalten Sie auf Anfrage bei der Gesellschaft für natürliche Lebenskunde e.V., 27723 Worpswede, Postfach 12 12.*

Fallbeispiele

1. Darmmykose

Frau G. G., 82 J., Diagnose: Seit Jahren chronischer Eisenmangel

Anamnese: Patientin fühlt sich sehr schlapp und müde. Neigung zu Obstipation. Leidet seit zwei Wochen an gelegentlich auftretenden Darmkrämpfen. Sonstiger Allgemeinzustand altersentsprechend sehr zufriedendstellend. Macht seit ca. 30 Jahren Waerland-Kost, nimmt keinerlei Medikamente. Geistig sehr rege und gebildet.

Stuhlbefund: s. Befundzettel 23. 8. 91

Neben dem sehr alkalischen pH-Wert, fällt natürlich der starke Candida-Befall auf. Bifidobakterien, die Leitflora des Dickdarms, sind deutlich reduziert. Hämolysierende E. coli haben sich extrem ausgebreitet. Wir finden hier also eine starke Candidamykose und erhebliche dysbiotische Verhältnisse im Dickdarm. Diese bewirken bei der Patientin, daß Vitalstoffe ungenügend resorbiert werden, hier insbesondere Eisen.

Therapie: Die Waerland-Kost wird korrigiert, indem die Milchprodukte herausgenommen werden und der Frischkostanteil erhöht wird. Medikamentös wurde wie folgt vorgegangen:

Asperg. niger D 12 *
Candida alb. D 8

* Dieses Nosodenpräparat entspricht in der Zusammensetzung dem *Candida-Gastreu* der Fa. *Reckeweg*. Da dieses Präparat in Deutschland nicht vertrieben wird, muß es entweder über eine internationale Apotheke bestellt werden oder bei der Berthold-Apotheke, Villingen, Tel. 0 77 21/2 51 55.

Chlamyd. trach. D 12
Echinacea ang. D 12
Mycosis fung. D 12
Penicillinum D 12
Tecoma D 5
Zinc. met. D 10
aa ad 6 ml 3 x 10 Tropfen vor dem Essen
Bilicura N 3 x 1 vor dem Essen
Enzym Harongan N 3 x 1 vor dem Essen
Acidophilus Jura cum Papain 3 x 1 Teel. vor dem Essen

Kontrolle: Der Kontrollbefund am 16.12.91 zeigt, daß der Candidabefall völlig verschwunden ist. Der pH-Wert besserte sich zur Norm, und die Patientin zeigt sich völlig beschwerdefrei.

Blatt 1

(bei Privatpatienten bitte Adresse angeben)
Patient:

Frau G. G.

Labor L + S GmbH
Gesellschaft für Mikrobiologie und biologische Qualitätsprüfung
Mangelsfeld 4 · 8733 Bad Bocklet
Telefon 0 97 08-8 48 · Telefax 0 97 08-68 85

Labor L + S GmbH, Mangelsfeld 4, 8733 Bad Bocklet

Befundadresse (Stempel):

Wolfgang Spiller
Heilpraktiker · Ernährungstherapeut
Niedere Straße 24
7730 VS-Villingen

L + S Labor-Nr.: 8275

Datum Eingang: 23.08.91 Ausgang: 26.8.91

Rechnung bitte an:
Heilpraktiker ☐ Patient ☒

der Einsender ist zur Beauftragung bevollmächtigt.

Proben-Begleitschein und Befund: Stuhl-Untersuchungen (gewünschtes bitte ankreuzen)

☒ Stuhlflora: GOÄ 4626, 4637, 4705, 4630, 3500 (x 1,2); komplett DM 60,98

		Befund (KBE/g)	Normbereich
aerob:	E. coli	$4{,}0 \times 10^7$	$10^6 - 10^7$
	E. coli-Varianten (Laktose nicht vergärend; rauh, mukös, hämolysierend)	$5{,}0 \times 10^8$	$10^2 - 10^5$
	Enterobacteriaceae (Klebsiella sp.; Proteus sp.; Enterobacter sp.)	$< 10^5$	$10^2 - 10^5$
	Enterococcus sp.	$1{,}0 \times 10^8$	$10^6 - 10^7$
	Pseudomonas sp.	$< 10^4$	$10^2 - 10^4$
	Bacillus sp.	$< 10^4$	$10^2 - 10^4$
	Staphylococcus sp.	$< 10^4$	$10^2 - 10^4$
anaerob:	Bacteroides sp.	$1{,}0 \times 10^9$	$10^8 - 10^{10}$
	Clostridium sp.	$<10^6$	$10^2 - 10^6$
	Bifidobacterium sp.	$<10^6$	$10^8 - 10^{10}$
	Lactobacillus sp.	$2{,}0 \times 10^5$	$10^5 - 10^7$
Pilze:	Candida sp.	$1{,}0 \times 10^5$	bis 10^2
	Geotrichum sp.	$<10^2$	$10^2 - 10^4$
andere Mikroorganismen:		—	$10^2 - 10^4$
pH:		8,0	6 – 7

Enteritis-Erreger: GOÄ 4626 (x 1,2), jeweils DM 23,22

☐ Salmonella sp./Shigella sp.		nach Anreicherung nicht nachweisbar
☐ Yersinia sp. wenn Kälteanreicherung positiv, benachrichtigen wir		nicht nachweisbar
☐ Campylobacter sp.		nicht nachweisbar
☐ Rota-Viren: GOÄ 4398 (x 1,2); DM 16,89		serologisch nicht nachweisbar
☐ Parasiten (Wurmeier, Protozoen): GOÄ 4051, 4056, 4061 (x 1,2); komplett DM 15,84		nicht nachweisbar
☐ Verdauungsrückstände (mikroskopisch): GOÄ 4075 (x 1,2); komplett DM 11,61	Muskelfasern:	Stärke:
Normbereich Ø – + / auffällig ++ – +++	Neutralfette:	Fettsäuren:
☐ Blut (okkult): GOÄ 3505 (x 1,2), DM 4,48		nicht nachweisbar

☐ Chymotrypsin	GOÄ 3798 (x 1,2), DM 26,40		> 6 U/g
☐ Milchsäure D-Form	GOÄ 3798 (x 1,2), DM 26,40		10 mg / g
Milchsäure L-Form	GOÄ 3798 (x 1,2), DM 26,40		
☐ Lipase	GOÄ 3787 (x 1,5), DM 33,—		> 5 µg/g
☐ Gesamtgallensäuren	GOÄ 3798 (x 1,5), DM 33,—		35 (42) µmol / g
☐ Fett	GOÄ 3786 (x 1,2), DM 26,40		< 7 g / 24 Std.
☐ Stickstoff	GOÄ 3792 (x 1,2), DM 26,40		< 2,0 g / 24 Std.
☐ PMN-Elastase	GOÄ 3798 (x 1,2), DM 26,40		< 3,5 µg/g TSt
☐ Lysozyme	GOÄ 3798 (x 1,2), DM 26,40		< 3,0 µg/g FSt
☐ Plasma-Proteine (Albumin, IgA, Transferrin, Coeruloplasmin, α1-Antitrypsin)	GOÄ 4040 (x 1,5) jeweils DM 23,76		vgl. Anlage

☐ **Wenn Sie Interpretationsschwierigkeiten haben, können wir Sie gerne telefonisch über Relevanz des Befundes und Therapieansätze beraten.**

(bei Privatpatienten bitte Adresse angeben)
Patient:

Frau G. G.

Blatt 2

Labor L + S GmbH
Gesellschaft für Mikrobiologie und biologische Qualitätsprüfung
Mangelsfeld 4 · 8733 Bad Bocklet
Telefon 0 97 08-8 48 · Telefax 0 97 08-68 85

Labor L + S GmbH, Mangelsfeld 4, 8733 Bad Bocklet

Befundadresse (Stempel):

Wolfgang Spiller
Heilpraktiker · Ernährungstherapeut
Niedere Straße 24
7730 VS-Villingen

L + S Labor-Nr.: 12 594

Datum Eingang: 16.12.91 Ausgang: 18.12.91

Rechnung bitte an:
Heilpraktiker ☐ Patient ☒

der Einsender ist zur Beauftragung bevollmächtigt.

Proben-Begleitschein und Befund: Stuhl-Untersuchungen (gewünschtes bitte ankreuzen)

☒ Stuhlflora: GOÄ 4626, 4637, 4705, 4630, 3500 (x 1,2); komplett DM 60,98

		Befund (KBE/g)	Normbereich
aerob:	E. coli	1,0 x 10^8	$10^6 - 10^7$
	E. coli-Varianten (Laktose nicht vergärend; rauh, mukös, hämolysierend)	< 10^5	$10^2 - 10^5$
	Enterobacteriaceae (Klebsiella sp.; Proteus sp.; Enterobacter sp.)	< 10^5	$10^2 - 10^5$
	Enterococcus sp.	5,0 x 10^6	$10^6 - 10^7$
	Pseudomonas sp.	< 10^5	$10^2 - 10^4$
	Bacillus sp.	< 10^5	$10^2 - 10^4$
	Staphylococcus sp.	< 10^5	$10^2 - 10^4$
anaerob:	Bacteroides sp.	2,0 x 10^9	$10^8 - 10^{10}$
	Clostridium sp.	< 10^6	$10^2 - 10^6$
	Bifidobacterium sp.	2,0 x 10^7	$10^8 - 10^{10}$
	Lactobacillus sp.	1,0 x 10^6	$10^5 - 10^7$
Pilze:	Candida sp.	< 10^2	bis 10^2
	Geotrichum sp.	< 10^2	$10^2 - 10^4$
andere Mikroorganismen:		—	$10^2 - 10^4$
pH:		7,0	6 – 7

Enteritis-Erreger: GOÄ 4626 (x 1,2), jeweils DM 23,22

☐ Salmonella sp./Shigella sp.		nach Anreicherung nicht nachweisbar
☐ Yersinia sp. wenn Kälteanreicherung positv, benachrichtigen wir		nicht nachweisbar
☐ Campylobacter sp.		nicht nachweisbar

☐ Rota-Viren: GOÄ 4398 (x 1,2); DM 16,89		serologisch nicht nachweisbar
☐ Parasiten (Wurmeier, Protozoen): GOÄ 4051, 4056, 4061 (x 1,2); komplett DM 15,84		nicht nachweisbar
☐ Verdauungsrückstände (mikroskopisch): GOÄ 4075 (x 1,2); komplett DM 11,61	Muskelfasern:	Stärke:
Normbereich Ø – + / auffällig ++ – +++	Neutralfette:	Fettsäuren:
☐ Blut (okkult): GOÄ 3505 (x 1,2), DM 4,48		nicht nachweisbar

☐ Chymotrypsin	GOÄ 3798 (x 1,2), DM 26,40		> 6 U/g
☐ Milchsäure D-Form	GOÄ 3798 (x 1,2), DM 26,40		10 mg / g
Milchsäure L-Form	GOÄ 3798 (x 1,2), DM 26,40		
☐ Lipase	GOÄ 3787 (x 1,5), DM 33,—		> 5 µg/g
☐ Gesamtgallensäuren	GOÄ 3798 (x 1,5), DM 33,—		35 (42) µmol / g
☐ Fett	GOÄ 3786 (x 1,2), DM 26,40		< 7 g / 24 Std.
☐ Stickstoff	GOÄ 3792 (x 1,2), DM 26,40		< 2,0 g / 24 Std.
☐ PMN-Elastase	GOÄ 3798 (x 1,2), DM 26,40		< 3,5 µg/g TSt
☐ Lysozyme	GOÄ 3798 (x 1,2), DM 26,40		< 3,0 µg/g FSt
☐ Plasma-Proteine (Albumin, IgA, Transferrin, Coeruloplasmin, α1-Antitrypsin)	GOÄ 4040 (x 1,5) jeweils DM 23,76		vgl. Anlage

☐ **Wenn Sie Interpretationsschwierigkeiten haben, können wir Sie gerne telefonisch über Relevanz des Befundes und Therapieansätze bera**

Dr. Rösler
i.A.

Herr A. A., 37 J., Diagnose: Asthma allergica

Anamnese: Von Beruf Bäcker und seit Jahren eine Mehlstauballergie mit asthmatischen Beschwerden. Nach einer Behandlung in der Schwarzwald-Klinik mit 6wöchigem Heilfasten im Jan. 91 völlig beschwerdefrei. Als er sich bei uns im Juli 91 vorstellt, klagt er über erheblichen Leistungsabfall und starke Blähungen; vor allem das Nachlassen der Arbeitsleistung bereite ihm großen Kummer.

Stuhlbefund: s. Beilage 25. 7. 91

Wir sehen mehrere Auffälligkeiten. Vermehrung von Candida albicans und Geotrichum candidum und Enterokokkus. Dezimierung von Lactobazillen und Bifidobakterien und pH-Wert von 7,5. Wir haben neben dem Pilzbefall eine Dysbiose des Dünn- und des Dickdarms.

Zur weiteren Abklärung machten wir eine Kirlianaufnahme und einen Medikamententest über die Elektroakupunktur nach *Voll*. Hier stellte sich heraus, daß durch in der Kindheit häufige Anginen eine erhebliche infekttoxische Belastung des Kopfes und Darmwandlymphatikums vorlag. Diese Belastung wurde verstärkt durch erhebliche Reizzustände der Darmschleimhaut, so daß im Medikamententest nicht, wie zu erwarten wäre, Pilznosoden ansprachen, sondern *Appendicitis comp.* der Fa. *Pascoe* als Ausdruck des überreizten Lymphatikums.Wir haben uns daher von der obigen Pilztherapie entfernt und folgende Medikamente eingesetzt.

Therapie: *Appendicitis comp.*, jeden 2. Tag 5 Tropfen morgens auf die Zunge;

Carbo veget. Spl.
Lycopodium Spl.
Lymphdiaral
aa ad 90,0 3 x 20 Tr. vor dem Essen
Propolis Urtinktur 3 x 20 Tropfen

Kontrollbefund: Wie der Befund vom 18.11.91 zeigt, sind keine Pilze mehr nachweisbar. Lediglich die Dysbiose des Dünndarms hat sich noch nicht verändert.

(bei Privatpatienten bitte Adresse angeben)
Patient:

Herr A. A.

Blatt 1

Labor L + S GmbH
Gesellschaft für Mikrobiologie und biologische Qualitätsprüfung
Mangelsfeld 4 · 8733 Bad Bocklet
Telefon 0 97 08-8 48 · Telefax 0 97 08-68 85

Labor L + S GmbH, Mangelsfeld 4, 8733 Bad Bocklet

Befundadresse (Stempel):

Wolfgang Spiller
Heilpraktiker · Ernährungstherapeut
Niedere Straße 24
7730 VS-Villingen

L + S Labor-Nr.: 7266

Datum Eingang: 25.07.91 Ausgang: 29.07.91

Rechnung bitte an:
Heilpraktiker ☐ Patient ☒

der Einsender ist zur Beauftragung bevollmächtigt.

Proben-Begleitschein und Befund: Stuhl-Untersuchungen (gewünschtes bitte ankreuzen)

☒ Stuhlflora: GOÄ 4626, 4637, 4705, 4630, 3500 (x 1,2); komplett DM 60,98

		Befund (KBE/g)	Normbereich
aerob:	E. coli	$3{,}0 \times 10^7$	$10^6 - 10^7$
	E. coli-Varianten (Laktose nicht vergärend; rauh, mukös, hämolysierend)	$<10^4$	$10^2 - 10^5$
	Enterobacteriaceae (Klebsiella sp.; Proteus sp.; Enterobacter sp.)	$<10^4$	$10^2 - 10^5$
	Enterococcus sp.	$1{,}0 \times 10^8$	$10^6 - 10^7$
	Pseudomonas sp.	$<10^4$	$10^2 - 10^4$
	Bacillus sp.	$<10^4$	$10^2 - 10^4$
	Staphylococcus sp.	$<10^4$	$10^2 - 10^4$
anaerob:	Bacteroides sp.	$3{,}0 \times 10^9$	$10^8 - 10^{10}$
	Clostridium sp.	$<10^6$	$10^2 - 10^6$
	Bifidobacterium sp.	$<10^6$	$10^8 - 10^{10}$
	Lactobacillus sp.	$<10^2$	$10^5 - 10^7$
Pilze:	Candida sp.	$2{,}0 \times 10^3$	bis 10^2
	Geotrichum sp.	$2{,}0 \times 10^4$	$10^2 - 10^4$
andere Mikroorganismen:			$10^2 - 10^4$
pH:		7,5	6 – 7

Enteritis-Erreger: GOÄ 4626 (x 1,2), jeweils DM 23,22

	Befund	Normbereich
☐ Salmonella sp./Shigella sp.		nach Anreicherung nicht nachweisbar
☐ Yersinia sp. — wenn Kälteanreicherung positv, benachrichtigen wir		nicht nachweisbar
☐ Campylobacter sp.		nicht nachweisbar
☐ Rota-Viren: GOÄ 4398 (x 1,2); DM 16,89		serologisch nicht nachweisbar
☐ Parasiten (Wurmeier, Protozoen): GOÄ 4051, 4056, 4061 (x 1,2); komplett DM 15,84		nicht nachweisbar
☐ Verdauungsrückstände (mikroskopisch): GOÄ 4075 (x 1,2); komplett DM 11,61	Muskelfasern:	Stärke:
Normbereich Ø – + / auffällig ++ – +++	Neutralfette:	Fettsäuren:
☐ Blut (okkult): GOÄ 3505 (x 1,2), DM 4,48		nicht nachweisbar

		Befund	Normbereich
☐ Chymotrypsin	GOÄ 3798 (x 1,2), DM 26,40		> 6 U/g
☐ Milchsäure D-Form	GOÄ 3798 (x 1,2), DM 26,40		10 mg / g
Milchsäure L-Form	GOÄ 3798 (x 1,2), DM 26,40		
☐ Lipase	GOÄ 3787 (x 1,5), DM 33,—		> 5 µg/g
☐ Gesamtgallensäuren	GOÄ 3798 (x 1,5), DM 33,—		35 (42) µmol / g
☐ Fett	GOÄ 3786 (x 1,2), DM 26,40		< 7 g / 24 Std.
☐ Stickstoff	GOÄ 3792 (x 1,2), DM 26,40		< 2,0 g / 24 Std.
☐ PMN-Elastase	GOÄ 3798 (x 1,2), DM 26,40		< 3,5 µg/g TSt
☐ Lysozyme	GOÄ 3798 (x 1,2), DM 26,40		< 3,0 µg/g FSt
☐ Plasma-Proteine (Albumin, IgA, Transferrin, Coeruloplasmin, α1-Antitrypsin)	GOÄ 4040 (x 1,5) jeweils DM 23,76		

Prof. Dr. Sonnenschein

☐ **Wenn Sie Interpretationsschwierigkeiten haben, können wir Sie gerne telefonisch über Relevanz des Befundes und Therapieansätze beraten.**

(bei Privatpatienten bitte Adresse angeben)
Patient:

Blatt 2

Herr
Herr A.A.

Labor L + S GmbH
Gesellschaft für Mikrobiologie und biologische Qualitätsprüfung
Mangelsfeld 4 · 8733 Bad Bocklet
Telefon 0 97 08-8 48 · Telefax 0 97 08-68 85

Labor L + S GmbH, Mangelsfeld 4, 8733 Bad Bocklet

Befundadresse (Stempel):

Wolfgang Spiller
Heilpraktiker · Ernährungstherapeut
Niedere Straße 24
7730 VS-Villingen

L + S Labor-Nr.: 11539

Datum Eingang: 18.11.91 Ausgang: 20.11.91

Rechnung bitte an:
Heilpraktiker ☐ Patient ☒

der Einsender ist zur Beauftragung bevollmächtigt.

Proben-Begleitschein und Befund: Stuhl-Untersuchungen (gewünschtes bitte ankreuzen)

NG: 1,50 DM

☒ Stuhlflora: GOÄ 4626, 4637, 4705, 4630, 3500 (x 1,2); komplett DM 60,98

		Befund (KBE/g)	Normbereich
aerob:	E. coli	2,0 x 10^8	$10^6 - 10^7$
	E. coli-Varianten (Laktose nicht vergärend; rauh, mukös, hämolysierend)	$<10^5$	$10^2 - 10^5$
	Enterobacteriaceae (Klebsiella sp.; Proteus sp.; Enterobacter sp.)	$<10^5$	$10^2 - 10^5$
	Enterococcus sp.	3,0 x 10^7	$10^6 - 10^7$
	Pseudomonas sp.	$<10^5$	$10^2 - 10^4$
	Bacillus sp.	$<10^5$	$10^2 - 10^4$
	Staphylococcus sp.	$<10^5$	$10^2 - 10^4$
anaerob:	Bacteroides sp.	5,0 x 10^9	$10^8 - 10^{10}$
	Clostridium sp.	$< 10^6$	$10^2 - 10^6$
	Bifidobacterium sp.	1,0 x 10^7	$10^8 - 10^{10}$
	Lactobacillus sp.	$< 10^2$	$10^5 - 10^7$
Pilze:	Candida sp.	$< 10^2$	bis 10^2
	Geotrichum sp.	$< 10^2$	$10^2 - 10^4$
andere Mikroorganismen:		—	$10^2 - 10^4$
pH:		7,0	6 – 7

Enteritis-Erreger: GOÄ 4626 (x 1,2), jeweils DM 23,22

☐ Salmonella sp./Shigella sp.		nach Anreicherung nicht nachweisbar
☐ Yersinia sp. wenn Kälteanreicherung positv, benachrichtigen wir		nicht nachweisbar
☐ Campylobacter sp.		nicht nachweisbar
☐ Rota-Viren: GOÄ 4398 (x 1,2); DM 16,89		serologisch nicht nachweisbar
☐ Parasiten (Wurmeier, Protozoen): GOÄ 4051, 4056, 4061 (x 1,2); komplett DM 15,84		nicht nachweisbar
☐ Verdauungsrückstände (mikroskopisch): GOÄ 4075 (x 1,2); komplett DM 11,61	Muskelfasern:	Stärke:
Normbereich Ø – + / auffällig ++ – +++	Neutralfette:	Fettsäuren:
☐ Blut (okkult): GOÄ 3505 (x 1,2), DM 4,48		nicht nachweisbar

☐ Chymotrypsin	GOÄ 3798 (x 1,2), DM 26,40		> 6 U/g
☐ Milchsäure D-Form	GOÄ 3798 (x 1,2), DM 26,40		10 mg / g
Milchsäure L-Form	GOÄ 3798 (x 1,2), DM 26,40		
☐ Lipase	GOÄ 3787 (x 1,5), DM 33,–		> 5 µg/g
☐ Gesamtgallensäuren	GOÄ 3798 (x 1,5), DM 33,–		35 (42) µmol / g
☐ Fett	GOÄ 3786 (x 1,2), DM 26,40		< 7 g / 24 Std.
☐ Stickstoff	GOÄ 3792 (x 1,2), DM 26,40		< 2,0 g / 24 Std.
☐ PMN-Elastase	GOÄ 3798 (x 1,2), DM 26,40		< 3,5 µg/g TSt
☐ Lysozyme	GOÄ 3798 (x 1,2), DM 26,40		< 3,0 µg/g FSt
☐ Plasma-Proteine (Albumin, IgA, Transferrin, Coeruloplasmin, α1-Antitrypsin)	GOÄ 4040 (x 1,5) jeweils DM 23,76		vgl. Anlage

☐ **Wenn Sie Interpretationsschwierigkeiten haben, können wir Sie gerne telefonisch über Relevanz des Befundes und Therapieansätze beraten.**

Dr. Rosler

Fallbeispiel Overgrowth-Syndrom
Patient A. H., 2 J., Diagnose: Neurodermitis atopica

Anamnese: Der Junge leidet seit Geburt an einem generalisierten Ekzem mit rezidivierenden Schüben und unerträglichem Juckreiz. Daneben besteht eine erhebliche Nahrungsmittelunverträglichkeit.

Stuhlbefund: s. Befundbericht Herborn 6.4.90 und 7.8.91

Wir richteten uns bei der mikrobiologischen Therapie nach den Angaben des mikroökologischen Instituts Herborn, wobei neben dem Einsetzen der Präparate *Pro-Symbioflor, Symbioflor I* und *II* auch eine Autovakzine verabreicht wurde. Daneben empfahlen wir vegane Frischkost, allerdings mit einem gekochten Anteil von 30 %. Beim Overgrowth-Syndrom kann es unter Umständen nicht angezeigt sein, ausschließlich Rohkost zu verabreichen. Wie der Befund ein Jahr später zeigt, konnte ein Anwachsen der Indikatorflora erzielt werden. Außerdem hat sich das Hautbild und der Juckreiz wesentlich verbessert.

Während wir bei Kindern mit den Präparaten *ProSymbioflor, Symbioflor I, Symbioflor II* sehr gute Erfahrungen machen, sprechen Erwachsene bei Overgrowth-Syndrom besser auf *Hylak Forte* an. Dies liegt unserer Meinung nach darin begründet, daß bei Kindern noch keine so schweren Milieuveränderungen vorliegen, wie bei Erwachsenen. Ausschlaggebend für die Mittelwahl ist letztendlich die individuelle Situation.

Kein infektionsverdächtiges Material einsenden!
Bitte immer 2 Formulare ausfüllen und einsenden.

TACh Stuhl

Befund-Nr. 351598

INSTITUT FÜR MIKROÖKOLOGIE
Kornmarkt 34
6348 Herborn
Telefon (0 27 72) *4 10 33
Telefax 4 10 39

Institut für Mikroökologie · Postfach 17 65 · D-6348 Herborn

HEILPRAKTIKER
W. SPILLER
NIEDERESTR. 24
[illegible]

Arzt
←
Bitte postalisch korrekte Adresse angeben, da für Rücksendung erforderlich!

Tagesdatum: 03.04.90

Bitte immer angeben: Letzte Befund-Nr. — Datum des letzten Befundes —

Körpergröße 97 cm | Gewicht 12 kg | Alter 2 Jahre

Konstitution: ☒ Normosom ☐ Astheniker ☐ Pykniker

H[illegible], A[illegible] — 11.01.88
Familienname des Patienten — Vorname — Geburtsdatum

[illegible]
Straße und Hausnummer

[illegible]
Postleitzahl Wohnort

Angaben bitte in Druckschrift.
Der Florabefund läßt ohne ärztliche Angaben keine verbindlichen Beratungen zu!

	ja	nein	Zeit/Dauer
Tbc-Anamnese	☐	☒	
Typhus/Paratyph.	☐	☒	
Malignom	☐	☒	
Chemotherapie	☐	☒	
Antibiotika	☐	☒	
Corticoide	☐	☒	

1 Kurz-Anamnese: seit Geburt generalisiertes Ekzem

2 Diagnose: Neurodermitis

3 Beschwerdebild: starker Juckreiz, Pustelbildung

4 Pathologische Labordaten:

5 Therapie: Rohkosternährung, Homöopathisch Apis, Tuberculinum

6 Stichworte zum Verlauf: teils Remission, jetzt akut Verschlimmerung

Mikrobiologische Therapie – bereits durchgeführt

	ja	nein	Zeit/Dauer
Pro-Symbioflor	☐	☐	
Symbioflor 1	☐	☐	
Lactobacillen/Bifidob.	☐	☐	
Symbioflor 2	☐	☐	
Autovaccine	☐	☐	
Fremdvaccine	☐	☐	

Autovaccine erwünscht ja ☐ nein ☐
Injektion ☐
perkutan ☐ oral ☐

Ohne Angaben ist die Herstellung einer Autovaccine in das Ermessen des Arztes gestellt.

Blutbild: Nüchtern ja ☒ nein ☐

Hb	11,0	g%
Erythroc.	5,03	
Leukoc.	14,5	
Basophil.		%
Eosinophil.		%
Myelocyt.		%
Jugendl.		%
Stabkern.		%
Segmentk.		%
Lymphocyt.		%
Monocyt.		%
Lymphoc. absol.		
HbE	23,7	pg
BSG	8/20	

In welche **Krankheitsgruppe** ordnen Sie den Patienten ein? Für statistische Zwecke bitte Gruppe(n) ankreuzen.

1 Magen-Darm
2 Respirationstrakt
3 Herz/Kreislauf
4 Urogenitaltrakt
5 Haut
6 Blut
☒ 7 Stoffwechsel/Endokrinium Lebererkrankungen
8 Immundefekte/Infektanfälligkeit
☒ 9 Allergien
10 Rheumat. Erkrankungen
11 Tumorleiden
12 Psychische Erkrankungen
13 Organ. Nervenleiden
14 Sonstige

Druckdatum: 15. 8. 89

Nr.:

Ärztliche Leitung: Christian Maaß, Arzt – Naturheilverfahren
Wissenschaftlich-technische Leitung: Dipl.-Biol. Dr. rer. nat. [illegible]
Medizinisch-wissenschaftlicher Beirat: Med. Dir. Dr. med. Wolfram [illegible]

Laboratoriumsbefund

Befund-Nr. 351598 | Datum 6.4.90

KOLONIE	%	R./M.-Grad	LACTOSE	SAACH +	SAACH −	INDOL +	INDOL −	FEUCHTE	ELEVATION	FORM/ Rand	Größe
S	70	·	<3 70	1			1				
M											
R	30	1	<3		3	3					

Wachstum	3
pH	5,7
Hämolyse	Ø

Biochemische Untersuchung: Kluyvera species

Klassifikation AEROB	%
E.coli S	
E.coli M	
E.coli R	30
E.coli Lactose negativ	
Enterobacteriaceae Allgemein	
Citrobacter species	
Klebsiella	
Enterobacter	
Proteus	
Kluyvera	70
Pseudomonas species	
Streptococcus species	
Orientierender Pilznachweis	o.B.
Candida	

☐ Autovaccine Injektion 9 8 7 6 5 4 3 2 1 ☒ Perkutan/Oral 6 8 4 3 2 1 ☐ Autokultur ☐ Stammlsg.

Deutung und Vorschlag betr. Mikrobiologische Therapie ChM Herborn, 25.04.1990

Gravierende Normabweichung im Sinne eines Overgrowth-Syndroms: Zurückdrängung der Coliflora - enorme Florafehlbesiedlung bei Fermentschwäche - zur immunologischen Situation: die Toxinausleiteaktivität der Darmwand ist infolge von Blockierungen des Darmwandlymphaticums zu gering. - Die Indikatorflora spiegelt weitverbreitet toxische Veränderungen des Intestinums wider - Möglichkeit zur Herstellung eines Eigenimpfstoffs (Autovaccine = AVI).

Empfehlung:
Indikation zur Durchführung der Mikrobiologischen Therapie als Basis-Langzeitmaßnahme: hinsichtlich der Eingewöhnung der Symbionten-Kulturen kann man sich nach Merkblatt 6 richten (die Merkblätter wurden in Zusammenarbeit mit dem Pädiater Prof. Mommsen entwickelt, Modifikation dahingehend, daß die Einnahme von Pro-Symbioflor nur 3 x tägl. erforderlich ist - einschleichend dosieren, Symbioflor 1 nasal 3 - 5 Tropfen).

Zur Oralvaccine: 2 x wöchentliche Einnahme; man beginnt mit 2 Tropfen und steigert unter Beachtung der Reaktionslage jeweils um 2 Tropfen bis zur tolerierten Dosis, wobei die Maximaldosis individuell verschieden ist, 10 Tropfen aber nicht übersteigen soll.

Danach weiterhin Symbioflor-Therapie.

Eine erneute "therapeutische" Stuhlfloraanalyse kann nach klinischen Gesichtspunkten erfolgen, natürlich bei Schwierigkeiten.

Besonders wichtig ist die Einschränkung des Verzehrs von tierischem Eiweiß, insbesondere Süßmilch. - Nach einer Studie der Universität Bochum wurde bei 200 Neurodermitis-Patienten 190 mal eine Milchallergie festgestellt, insbesondere durch Süßmilch hervorgerufen [illegible] gesäu[illegible] Milch [illegible]

Probeentnahme Stuhl: 31.7.91

Laboratoriumsbefund Stuhl

Befund-Nr. [illegible]

Datum 07.08.91

[illegible] * 11.1.88

KOLONIE	%	R/M.-Grad	LACTOSE	SACCH +	SACCH −	INDOL +	INDOL −	FEUCHTE	ELEVATION	FORM/Rand	Größe
S	40		2		4	4					
M											
R	60 n		3		6	6			2 n		

Wachstum: 3
pH: 8,4
Hämolyse: 1+
Biochemische Untersuchung

Klassifikation aerob	Anteil %
E. coli S (glatt)	40
E. coli M (mucoid)	
E. coli R (rauh)	60
E. coli Lactose negativ	
Enterobacteriaceae allg.	
Citrobacter species	
Klebsiella species	
Enterobacter species	
Proteus species	
Pseudomonas species	
Streptococcus species	
Staphylococcus aureus	
Salmonellen	
Yersinien	
Campylobacter species	
Pilze allgemein	0B
Candida	

☐ Autovaccine Injektion 9 8 7 6 5 4 3 2 1 ☒ Perkutan/~~Oral~~ 6 5 4 3 ~~2~~ ~~1~~ ☐ Autokultur ☐ Stammlsg.

Deutung und Vorschlag betr. Mikrobiologische Therapie

nn 29 August 91.
Das Wachstum der Indikatorflora hat sich verbessert.
Es ist generalisiert eine Coliflora angewachsen.
Sie zeigt eine schwach toxische Situation im Darm an.
Der ph-Wert liegt zu noch im alkalischen Bereich.

Mikrobiologische Therapie.
Fortsetzung mit Symbioflor I und Symbioflor II.
Die perkutane AVI wird nach dem aufgedruckten Behandlungsplan fuer Normalvaccine eingerieben.
Kontrolle entsprechend dem klinischen Verlauf oder zu gegebener Zeit falls erforderlich Erhaltungsdosis.

x weiterhin Symbioflor 1 2 x 10 Tr.

Dysbiose des Dünn- und Dickdarms
Patientin L. G., 31 J., Diagnose: Neurodermitis, Asthma allergica, Pollinosis

Anamnese: Seit Kindheit atopische Ekzeme. Mit Beginn der Pubertät erstes Auftreten asthmatischer Beschwerden nach Desensibilisierung gegen Blütenpollen. Immer wieder Wechsel zwischen Asthma und Ekzem. Klinikbehandlungen und Kuren zeigten wenig Erfolg. Patientin leidet seelisch sehr unter der Hautsituation, Partnerschaften gestalten sich äußerst schwierig. Normales Sexualleben kaum möglich.

Stuhlbefund: s. Befund *Dr. Schuler* vom 6.12.90

Wir finden hier einen desolaten Befund vor. Sowohl Dünndarm als auch Colon zeigen keine normale Besiedelung. Da die Patientin mehrmals innerlich antibiotisch und mit Cortison behandelt wurde, wundert uns dieses Ergebnis nicht. Neben Ernährungstherapie, Homöopathie, Psychotherapie (NLP) und Bachblüten haben wir eine Symbioselenkung mit *Hylak forte* eingeleitet. Die Patientin befindet sich auf dem Wege der Besserung.

Laboratorium für diagnostische Mikrobiologie

Dr. Schuler

BERATENDER MIKROBIOLOGE

Beratung * Sachverständigengutachten

Dr.R.Schuler * Etztalstr. 14 * Postfach 9 * W-8137 Berg 1 * Telefon 08151/50044 * Telefax 08151/50421

Herrn Heilpraktiker
Wolfgang Spiller

Niedere Str. 24

7730 VS-Villingen

Ärztliche Leitung:
Frau I. Wagner
Ärztin

Berg, den 11.12.90 Wa/MK

Bakteriologische Stuhluntersuchung

Ihre Einsendung vom 06.12.90
[illegible]

Nr.# 104/12/90 K-Nr. 16069
geb.: 11.07.50

A) Befundübersicht:

Daten der Probe:
*** pH: 5.40 *** Redoxpotential: -150 mV *** Konsistenz: breiig

Bifidobakterien (Gesamtgruppe) stark reduziert. Lactobazillen stark reduziert. Bacteroidesgruppe (saccharolyt.) deutlich vermindert. Andere Bacteroidesarten leicht vermehrt. Eubacterium aerofaciens normal. Andere Eubakterien stark reduziert. Clostridium perfringens normal. Clostridium innocuum leicht vermehrt. Andere Clostridien stark vermehrt. Enterokokken leicht reduziert. E.coli nicht nachweisbar. Enterobacter leicht vermehrt. Candida nicht nachweisbar.

B) Interpretation des Ergebnisses:

Wir fanden eine Dysbiose, sowohl der Dick- als auch der Dünndarmflora.

Bifidobakterien, die Säuerungsflora des Colons, waren stark reduziert nachzuweisen. Artenmäßig setzte sich diese zudem aus überwiegend für einen erwachsenen Mischköstler uncharakteristischen, sorbitnegativen Stämmen zusammen. Leicht bzw. stark reduziert zeigten sich Bacteroides und Eubakterien, zwei weitere Leitformen des Colons.

Reaktiv zur Reduzierung der Leitflora breitete sich als Fremdkeim Enterobacter leicht vermehrt aus. Diese Keimgruppe gilt als potentiell enteropathogen und sollte verdrängt werden.

Im Rahmen der reduzierten Leitflora zu sehen ist auch die starke Ausbreitung diverser schwefelwasserstoffbildender Clostridienstämme.
Schwefelwasserstoff wird normalerweise bereits in der Darmwand entgiftet. Kommt es jedoch zu einem größeren Anfall dieses hochtoxischen Stoffwechselproduktes, so kann dies zu einer Überlastung der Entgiftungsmechanismen der Darmwand führen. Schwefelwasserstoff tritt in den Blutkreislauf über und belastet so den Organismus subtoxisch.

1

Innerhalb der Clostridienflora fanden wir mit hoher Wahrscheinlichkeit Clostridium innocuum in leichter Vermehrung vor. Diesem Keim kommt wegen seiner Fähigkeit zur Steroidtransformation beim Erwachsenen möglicherweise pathogenetische Bedeutung zu. Eine endgültige Abklärung dieses Befundes könnte jedoch nur im Rahmen einer ausführlichen Clostridiendiagnostik erfolgen (s. Anlage). Hierzu wäre die Neueinsendung einer Stuhlprobe mit einem entsprechenden Vermerk auf dem Anamnesebogen vonnöten. Die Untersuchung wird etwa 3 Wochen in Anspruch nehmen. Die Neueinsendung einer Stuhlprobe kann jedoch erst wieder nach unseren Laborferien, d. h. ab 07.01.91, erfolgen.

Der pH-Wert liegt mit 5,4 innerhalb des Normbereiches von 5,2 - 5,8. Im Hinblick auf das Überwiegen putrider Keimgruppen wäre jedoch ein höhergelegener pH-Wert durchaus zu erwarten gewesen. Dieser pH-Wert kann durch eine beschleunigte Stuhlpassage und eine dadurch verkürzte Verstoffwechslung durch die Fäulnisflora zustande gekommen sein.

Lactobazillen, die Säuerungsflora des terminalen Ileums, waren stark reduziert nachzuweisen. Die breiige Stuhlkonsistenz bot den feuchtigkeitsbedürftigen Lactobazillen während des Transportes und der Dickdarmpassage günstige Überlebensbedingungen. Mit einer bereits umfangreicheren Reduktion der Säuerungsflora im terminalen Ileum ist deshalb zu rechnen. Laut Anamnese werden die Stuhlgewohnheiten mit mehrmals täglich angegeben, Durchfälle sind jedoch verneint. Zu diskutieren ist, daß diese Symptomatik, zusammen mit dem Lactobazillenbefund, in Richtung eines sich entwickelnden Overgrowth-Syndromes zu deuten ist.
Im Verlauf eines Overgrowth-Syndromes gelingt es Anteilen der Dickdarmflora in höhere Darmabschnitte aufzuwandern und den Dünndarm in unterschiedlichem Ausmaß zu besiedeln. Dort erhält die aufgestiegene Dickdarmflora Zugriff zu noch nicht resorbierten Nahrungsanteilen und zerlegt diese unter meist heftiger Gasbildung (Blähungen, mit oder ohne Flatulenzen!). Ferner werden Vitamine und Mineralien durch die Fehlflora des Dünndarmes verstoffwechselt, so daß für den Organismus keine Verwertungsmöglichkeit mehr besteht. Durch die bakterielle Fehlbesiedelung des Dünndarmes kommt es auch zu einer Zerlegung von Gallensäuren. Diese dekonjugierten Gallensäuren führen zu erheblichen Störungen im Elektrolyt- und Wasserhaushalt des Intestinums und verhalten sich darüber hinaus aggressiv gegen die Dünndarmschleimhaut. Sie können somit an der Auslösung durchfälliger Stühle beteiligt sein.

Laut Anamnese hat die Patientin über viele Jahre Cortison eingenommen. Auch Antibiotica wurden öfters verabreicht. Sowohl Cortison als auch die Antibiotica können die wesentliche Ursache für die reduzierte Säuerungsflora des Dick- und Dünndarmes sein. Es ist zudem bekannt, daß atopische Dermatitiden (Neurodermitis) gehäuft mit einer Dysbiose des Dünndarmes einhergehen.

Um die Besiedelungsverhältnisse aufzuwerten, raten wir zu einer Therapie mit Symbionten- und Lactobazillenkulturen.
Wir empfehlen die Substitution von physiologischer Säuerungsflora durch Anwendung von Symbiontenkulturen, die wir individuell aufgrund des vorliegenden Befundes zusammenstellen werden. Ein Therapiezeitraum von mindestens 6 Monaten erscheint dabei angezeigt. Während der Einnahme sollten keine zeitlichen Intervalle eintreten. Dieser Hinweis ist deshalb wichtig, weil die Symbiontenkultur ein Arzneimittel mit höchstdosiertem Anteil an lebenden Lactobazillen und/oder Bifidobakterien ist und die Wirkung solcher Medikamente ausschließlich von der Menge der täglich und regelmäßig zugeführten lebenden Keime abhängt. Die gleichzeitige Verabreichung lebender Colibakterien ist contraindiziert.
Zur Bekämpfung der Clostridienvermehrung sollte gleichzeitig eine spezielle Lactobazillenkultur eingesetzt werden. Dieses Arzneimittel enthält hemmstoffbildende Lactobazillen (Lactobacillus casei, Lactobacillus Gasseri, Lactobacillus Delbrückii, Lactobacillus reuteri) ebenfalls in höchster Dosierung. Dabei richtet sich die Hemmwirkung ausschließlich gegen Clostridien und ammoniakbildende Enterobacterien (z. B. Klebsiella, Proteus).

Wir bitten um eine kurze Mitteilung, ob die empfohlenen Kulturen zum Versand kommen sollen. Hierzu benötigen wir noch die Angabe einer Apothekenadresse.

Mit bestem Dank für die Überweisung und freundlichen Grüßen

2 J. Wagner

Fremdkeimbesiedelung
Patientin N. G., 72 J., Diagnose: Bitterer und saurer Mundgeschmack

Anamnese: Seit Monaten klagt die Patientin, daß nach dem Essen und in der Nacht der Mundgeschmack sauer oder bitter wird. Da dies nicht bei bestimmten Nahrungsmitteln auftrat, konnte eine Unverträglichkeit bestimmter Speisen ausgeschlossen werden. Sowohl im Kirlianbild als auch bei der Messung über die Elektroakupunktur nach *Voll* ergab sich eine erhebliche Pankreasschwäche.

Stuhlbefund: s. Befund *Dr. Schuler* vom 25. 7. 90

Dadurch, daß die Leitflora des Colons (Bifidobakterien und Coli) stark reduziert bzw. nicht nachweisbar ist, vermutlich durch eine erhebliche Fermentschwäche der Verdauungssäfte, haben sich Fremdkeime in massiver Weise ausgebreitet. Unser Vorgehen bestand darin, phytotherapeutisch die Bauchspeicheldrüse zu stützen, Fermente zuzuführen und *Mutaflor* zur Ansiedelung von Colibakterien zu verordnen. Nach ca. einem Jahr intensiver Therapie verbesserten sich die Beschwerden und die Fremdkeime konnten aus dem Darm zurückgedrängt werden.

Dies sind einige Beispiele von vielen, die zeigen, wie wichtig es sein kann, sich mit der Intestinalflora zu beschäftigen und Symbioselenkung durchzuführen. 1990 haben wir in unserem Institut 615 Stuhluntersuchungen veranlaßt mit folgenden Resultaten:

Normbefund:	7 %
Fremdkeimbesiedelung:	37 %
Darmmykose:	64 %
Overgrowth-Syndrom:	23,3 %
Organmykosen:	15,9 %

Das Ergebnis überschreitet deswegen 100 %, weil bei manschen Befunden Mykose und Fremdkeimbesiedelung oder Overgrowth vorkamen. Daß nur 7 % der Befunde eine Eubiose zeigten, spricht für sich. Da wir immer wieder nach dem Schema unserer Behandlung von Darm- und Organmykosen gefragt werden, wollen wir es hier vorstellen.

Laboratorium für diagnostische Mikrobiologie

Dr. Schuler

BERATENDER MIKROBIOLOGE

Beratung * Sachverständigengutachten

Dr.R.Schuler * Etztalstr. 14 * Postfach 9 * D-8137 Berg 1 * Telefon 08151/50044 * Telefax 08151/50421

Herrn Heilpraktiker
Wolfgang Spiller

Niedere Str. 24

7730 VS-Villingen

Ärztliche Leitung:
Frau I. Wagner
Ärztin

Berg, den 27.07.90 Wa/M-B

Bakteriologische Stuhluntersuchung

Ihre Einsendung vom 25.07.90
N█████ G███

Nr.# 198/07/90 K-Nr. 14958
geb.: 02.11.18

A) Befundübersicht:

Daten der Probe:
*** pH: 5.90 *** Redoxpotential: -150 mV *** Konsistenz: breiig

Bifidobakterien (Gesamtgruppe) stark reduziert. Lactobazillen normal. Bacteroidesgruppe (saccharolyt.) deutlich vermindert. Eubacterium aerofaciens normal. Andere Eubakterien deutlich vermindert. Clostridium perfringens normal. Andere Clostridien deutlich vermehrt. Enterokokken normal. Andere Streptokokken deutlich vermehrt. E.coli nicht nachweisbar. Klebsiella massiv vermehrt. Enterobacter stark vermehrt. Candida nicht nachweisbar.

B) Interpretation des Ergebnisses:

Der Befund fällt auf durch eine massive Fremdkeimansiedlung. Wir konnten Klebsiella in massiver und Enterobacter in stark vermehrten Keimzahlen nachweisen. Beide Keimgruppen gelten als potentiell enteropathogen und können für durchfällige Stühle ursächlich sein. Diese Keimgruppen sollten deshalb zurückgedrängt werden. Die Fremdkeime breiteten sich im Rahmen einer reduzierten Kolonisationsresistenz aus.
Hierunter versteht man die Widerstandsfähigkeit des intestinalen Mikroökosystems gegenüber einer Besiedelung mit Fremdmikroorganismen. Sie wird in erster Linie getragen durch die anaeroben Keimgruppen Bifidobakterien und Bacteroides, und immer wenn eine oder beide der genannten Keimgruppen reduziert sind, ist das Risiko für eine Fremdbesiedelung erhöht.

Wir wiesen die Säuerungsflora des Colons, Bifidobakterien, zahlenmäßig stark bis deutlich reduziert nach. Artenmäßig setzte sich diese aus überwiegend für einen erwachsenen Mischköstler charakteristischen Stämmen zusammen. Deutlich vermindert zeigten sich Bacteroides und Eubakterien, zwei weitere Leitformen des Colons.

Ebenfalls im Rahmen der reduzierten Kolonisationsresistenz zu sehen ist eine deutliche Ausbreitung

1

diverser schwefelwasserstoffbildender Clostridienstämme.
Schwefelwasserstoff wird normalerweise bereits in der Darmwand entgiftet. Kommt es jedoch zu einem größeren Anfall dieses hochtoxischen Stoffwechselproduktes, so kann dies zu einer Überlastung der Entgiftungsmechanismen der Darmwand führen. Schwefelwasserstoff tritt in den Blutkreislauf über und belastet so den Organismus subtoxisch.

Angesichts des Clostridienbefundes bzw. der Anamnese besteht hier die Möglichkeit, daß sich innerhalb der Clostridienflora Spezies befinden, die in der Lage sind, Gallensäuren biochemisch anzugreifen. Wir empfehlen daher die Untersuchung dieser Keimgruppe hinsichtlich ihrer Fähigkeit zur Steroidtransformation. Hierzu wäre die Neueinsendung einer Stuhlprobe nach unseren Laborferien, d. h. ab 20.08.90, mit einem entsprechenden Vermerk auf dem Anamnesebogen vonnöten. Die Untersuchung wird etwa 3 Wochen in Anspruch nehmen.

Der pH-Wert liegt mit 5,9 knapp über der Normgrenze von 5,8. Im Hinblick auf den relativen und absoluten Überhang an putriden Keimgruppen wäre jedoch ein weit höhergelegener pH-Wert durchaus zu erwarten gewesen. Dieser pH-Wert kann zum einen durch eine beschleunigte Stuhlpassage zustande gekommen sein (breiige Konsistenz), auch eine kohlehydratreiche Kostform (Körnerkost) führt zu niedrigeren pH-Werten. Ein vermehrtes Kohlehydratangebot wird von der Fäulnisflora heterofermentativ unter Säurebildung zerlegt.

Die Säuerungsflora des terminalen Ileums, Lactobazillen, war in normalen Keimzahlen nachzuweisen.

Laut Anamnese werden die Stuhlgewohnheiten mit 2 - 3 x täglich angegeben. Es besteht ein Wechsel zwischen Obstipation und durchfälligen Stühlen. Die Patientin leidet zudem unter umfangreicheren Blähungen. Wie bereits erwähnt, kann die Fremdkeimbesiedelung für durchfällige Stühle ursächlich sein. Nicht ausschließen läßt sich, trotz günstiger Keimzahlen an Lactobazillen, eine Overgrowth-Symptomatik.
Im Verlauf eines Overgrowth-Syndromes gelingt es Anteilen der Dickdarmflora in höhere Darmabschnitte aufzuwandern und den Dünndarm in unterschiedlichem Ausmaß zu besiedeln. Dort erhält die aufgestiegene Dickdarmflora Zugriff zu noch nicht resorbierten Nahrungsanteilen und zerlegt diese unter meist heftiger Gasbildung (Blähungen, mit oder ohne Flatulenzen!). Ferner werden Vitamine und Mineralien durch die Fehlflora des Dünndarmes verstoffwechselt, so daß für den Organismus keine Verwertungsmöglichkeit mehr besteht. Durch die bakterielle Fehlbesiedelung des Dünndarmes kommt es auch zu einer Zerlegung von Gallensäuren. Diese dekonjugierten Gallensäuren führen zu erheblichen Störungen im Elektrolyt- und Wasserhaushalt des Intestinums und verhalten sich darüber hinaus aggressiv gegen die Dünndarmschleimhaut. Sie können somit an der Auslösung durchfälliger Stühle beteiligt sein.

Fremdkeime werden meist mit contaminierten Nahrungsmitteln zugeführt. Als eine besonders geeignete Erregerquelle dient Körnerkost und sollte deshalb gemieden werden.
Körnerkost und grobe Rohkost können von den Enzymen des menschlichen Darmes nur z. T. aufgeschlüsselt werden. Die unverdauten Reste gelangen in besiedelte Darmbereiche, wo sie von der Fäulnisflora meist unter heftiger Gasbildung zerlegt werden können. Diese breitet sich infolge des erhöhten Nährangebotes verstärkt aus (Clostridien). Die Säuerungsflora kann diese Nahrungsbestandteile nicht verstoffwechseln und wird von der Fäulnisflora kompetitiv verdrängt. Wir empfehlen dringend, eine darmflorafreundliche Ernährungsform einzuhalten und Körnerkost und grobe Rohkost ganz wegzulassen. Eine detaillierte Ernährungsanleitung wird mit den ersten Kulturen verschickt.

Wir empfehlen die Substitution von physiologischer Dünndarmflora durch Anwendung von Symbiontenkulturen, die wir individuell aufgrund des vorliegenden Befundes zusammenstellen werden. Ein Therapiezeitraum von mindestens 6 Monaten erscheint dabei angezeigt. Während der Einnahme sollten keine zeitlichen Intervalle eintreten. Dieser Hinweis ist deshalb wichtig, weil die Symbiontenkultur ein Arzneimittel mit höchstdosiertem Anteil an lebenden Lactobazillen und/oder Bifidobakterien ist und die Wirkung solcher Medikamente ausschließlich von der Menge der täglich und regelmäßig zugeführten lebenden Keime abhängt. Die gleichzeitige Verabreichung lebender Colibakterien ist contraindiziert.

Seite 3 zum Befund Geb.: 02.11.18

Zur Bekämpfung der Clostridienvermehrung sollte gleichzeitig eine spezielle Lactobazillenkultur eingesetzt werden. Dieses Arzneimittel enthält hemmstoffbildende Lactobazillen (Lactobacillus casei, Lactobacillus Gasseri, Lactobacillus Delbrückii, Lactobacillus reuteri) ebenfalls in höchster Dosierung. Dabei richtet sich die Hemmwirkung ausschließlich gegen Clostridien und ammoniakbildende Enterobacterien (z. B. Klebsiella, Proteus).

Wir bitten um eine kurze Mitteilung, ob die empfohlenen Kulturen zum Versand kommen sollen. Hierzu benötigen wir noch die Angabe einer Apothekenadresse.

Ein Versand von Kulturen kann jedoch erst wieder nach unseren Laborferien, d. h. ab 20.08.90, erfolgen.

Nach 8 Wochen sollte eine gezielte Kontrolluntersuchung erfolgen (Klebsiella und Enterobacter).

Mit bestem Dank für die Überweisung und freundlichen Grüßen

J. Wagner

Grundschema bei Darmmykosen:

1. *Candida-Gastreu* 50,0 3 x 10 bzw. 20 Tr. vor dem Essen
2. *Enzym-Harongan N* 3 x 1 vor dem Essen bis 3 x 2 vor dem Essen
3. *Propolis Urtinktur Hanosan* 3 x 20 Tr. vor dem Essen
4. *Omniflore* 3 x 1 vor dem Essen oder
   Hylak forte 3 x 40 Tr. vor dem Essen oder bei Kindern
   Prosymbioflor, Symbioflor I und *II* Dosierung je nach Alter und Verträglichkeit
5. Mischinjektion von *Engystol, Coenzym comp., Mucosa comp.* von *Heel* im. 14 Tage täglich, dann 14 Tage 3 x wöchentlich, dann 14 Tage 2 x wöchentlich, dann 14 Tage 1 x wöchentlich
6. SonnenKost
7. Nach 6 Wochen Kontrolle des Befundes

Grundschema bei Organmykosen

1. Therapie wie bei Darmmykosen, zusätzlich jedoch
2. Infusionstherapie: 250 NaCl 0,9 % + 1 Sammelpackung der intermediären Katalysatoren des Zitronensäurezyklus i. v. 2–3 Wochen täglich. Je nach Bedarf kann der Infusion 5 g Vitamin C oder 1 Amp. *Multibionta* zugesetzt werden sowie *Reducdyn Amp.* der Fa. *Nordmark.*

Wer Fragen zu diesem Therapiekonzept hat, wende sich bitte an das Institut für biologische Medizin und angewandte Ernährungstherapie, Niederestr. 24, 78050 VS-Villingen, Telefon (0 77 21) 45 03, Fax (0 77 21) 2 72 18.

Nachwort

Als ich vor einigen Jahren *Heinz Erven* in seinem Paradies in Remagen besuchte und angesichts der saftigen, großen Früchte und seines kraftvollen Gemüses ins Schwärmen kam, stellte ich ihm die Frage, wie er das alles bloß schaffe? Er lächelte und antwortete: »*Die gesunden Pflanzen, die Sie hier sehen, und die schmackhaften Früchte verdanke ich der Mithilfe meiner vielen tausend Helfer. Gott hat uns die Kleinstlebewesen geschickt, daß sie den Boden fruchtbar machen und uns somit als Helfer dienen, damit wir gesunde Lebensmittel produzieren können. Ich hatte in all den Jahren, in denen ich Gartenbau betreibe, noch nie einen Verlust durch ›Schädlinge‹ hinnehmen müssen, obwohl ich nicht ein einziges Mal Gift gesprüht habe. Ohne meine Regenwürmer, Maden, Insekten und Mikroorganismen hätte ich mein Lebenswerk niemals vollenden können. Sie sind meine Helfer. Ihnen verdanke ich alles.*«

Wer die gottesfürchtige Art von *Heinz Erven* kennt, wird immer wieder von seiner Philosophie und Arbeit beeindruckt sein. Er hat alles widerlegt, was der moderne Landbau mit Monokultur, Überzüchtung und Chemie zu erreichen glaubt. Er hat gezeigt, daß die Anerkennung der Naturgesetze, die eine Symbiose mit Mikroorganismus und Makroorganismus in allen Daseinsformen als lebensnotwendig postulieren, zum Segen der Menschheit werden kann. Wie eine intakte Bodenflora der Garant für gesundes Pflanzenwachstum ist, so hält uns auch eine gesunde Darmflora am Leben, frei von Krankheit. In dem Moment, wo wir die Naturgesetze mißachten und »Schädlingsbefall« herbeiführen, gibt uns die chemische Keule den Todesstoß. Der Einsatz von Insektiziden, Herbiziden, Fungiziden und Pestiziden in der Landwirtschaft ist gleichzusetzen mit dem verantwortungslosen Einsatz von Antibiotika, Hormonpräparaten, Zytostatika und Cortison in der Medizin.

Wir zerstören eine scheinbar kleine unbedeutende Welt, in Wirklichkeit bringen wir uns an den Rand des Abgrunds. Erinnern möchte ich wieder an die Worte von *Prof. Dr. Seeger*, der sagte: »*Bakterien sind Freunde des Menschen, nicht seine Feinde.*« Die Mißachtung der Darmflora in der Medizin ist sicher einer ihrer größten Irrtümer; die Mißachtung der Naturgesetze ein Verbrechen; die Mißachtung der Schöpfungsgesetze kollektiver Selbstmord. Solange gesunde Ernährung und Lebensweise zum Außenseitertum gestempelt werden, wird die Zivilisation sich selbst zerstören. Krebs, AIDS, Mykosen, Allergien, Kindstod und chronische Intoxikationen sind die schleichenden Vorboten. Krankheiten lassen sich sicher nicht auf das Thema Eubiose und Dysbiose reduzieren, aber wer aufmerksam die Zusammenhänge verfolgt hat, wird sich bemühen, seine vielen tausend Helfer zu pflegen und zu hegen – zu beiderseitigem Nutzen und Wohlergehen. Wie heißt es in einem Werbeslogan so treffend.

»Der Darm ist die Wurzel unserer Lebenskraft«

Dank

Wir haben uns sehr über die breite Unterstützung von Arzneifirmen, Instituten und Einzelpersonen gefreut. Ohne jegliche Vorbehalte wurde uns umfassendes Literaturmaterial zur Verfügung gestellt, so daß wir eine gründliche Recherche durchführen konnten. Besonderer Dank gebührt *Dipl. Biologen Wilfried Manz* von der medizinisch-wissenschaftlichen Abteilung der Fa. *Merckle*, der uns über die Medline mit internationaler Literatur versorgte. Ebenso schließen wir in unseren Dank Frau *Marianne Fink, Thomas von Breitenbach* und *Manfred G. Langer* ein. Am meisten beeinflußt hat uns jedoch *Prof. Dr. Dr. Seeger* durch seine Arbeiten und die persönlichen Gespräche, ein unermüdlicher Arzt und Forscher, der durch seinen Tod eine große Lücke hinterlassen hat.

Die nun folgende Liste gibt einen Hinweis auf Firmen, Präparate und Institute mit denen wir in den letzten Jahren gearbeitet und die uns bei diesem Buch unterstützt haben.

Ardeypharm GmbH 58313 Herdecke	*Mutaflor*
Delalande Arzneimittel Köln	*Omnisept*
Institut für Mikroökologie 35745 Herborn-Dill	Stuhluntersuchung
Jossa Arznei 36396 Steinau a. d. Straße	*Sulfredox*

Labor L & S 97708 Bad Bocklet	Stuhluntersuchung
Laves Arzneimittel 30952 Ronnenberg	*Colibiogen*
Labor Drs. Hauss 24340 Eckernförde	Stuhl-, Urin-, Sputum- untersuchungen
Luvos Heilerde 61381 Friedrichsdorf 2	Heilerde
Mikrobiologisches Laboratorium *Dr. R. u. A. Schuler* 83546 Berg 1	Stuhluntersuchung
Merckle GmbH 89143 Blaubeuren	*Hylak N* *Hylak forte N*
MedFabrik Berlin	*Omniflora*
Pharma-Labor Blankenese Elmshorn	Stuhl-, Urinunter- suchungen
Pharmazeut. Fabrik *Dr. Reckeweg* 64625 Bensheim	*R 82*
Sanum Kehlbeck 27318 Hoya/Weser	

Fa. *Syxyl* Elmshorn	*Biocult*
SymbioPharm 35745 Herborn	*ProSymbioflor* *Symbioflor I* u. *II*
Thiemann Arzneimittel 45731 Waltrop	*Perenterol*
Töpfer GmbH 87463 Dietmannsried	*Eugalan forte*
Zyma GmbH München	*Acidophilus-Zyma*

Literaturverzeichnis

Dr. Paul C. Bragg — »Wunder des Fastens« *Waldthausen-Verlag*

K. Deppert — Die systematische Zungendiagnostik bzw. -symptomatik *Acta biologica 2/77*

Harvey und Marilyn Diamond — »Fit für's Leben« Teil I und II *Waldthausen-Verlag*

H. Dorstewitz — Darmflora und mikrobiologische Therapie bei Hauterkrankungen *Natura-med 5/90*

Heinz Erven — »Mein Paradies«

Institut für Mikroökologie — Mikrobiologische *Therapie 5/89*

K. Irrgang, U. Sonnenborn — Die historische Entwicklung der *Mutaflor-Therapie Herdecke 1988*

1. Interdisziplinäres Symposium — Darmflora in Symbiose und Pathogenität Der Internist 1991

M. Knoke, H. Bernhardt	Mikroökologie des Menschen *Verlag Edition Medizin*
E. Krug	Sanierung der Darmflora – ein therapeutisches Prinzip *EHK 4/81*
J. B. Mayer, S. Keschawarzi	Die Stuhlflora des Säuglings bei Ernährung mit den verschiedenen sogenannten Fertignahrungen *Medizin und Ernährung 1970*
F. X. Mayr	Schönheit und Verdauung *Verlag Neues Leben*
W. Meng, E. Partala e. a.	Intestinalflora unter Streßbedingungen *Die Nahrung 1984*
F. Perger	Regulationsstörungen und Darmverhältnisse *EHK 11/85*
K. Schmiedecker sen.	Zeichen der Gesundheit *Verlag Neues Leben 1988*

R. Schuler, A. Schuler — Physiologie und Pathologie der Intestinalflora

E. Schütz — Mikrobiologische Therapie von chronisch entzündlichen Darmerkrankungen *EHK 5/91*

P. G. Seeger — Bedeutung der Bifidobakterien für die Normalisierung der Darmflora *Ärztliche Praxis 1/71*

P. G. Seeger — Bakterien, Freunde oder Feinde des Menschen *EHK 4/73*

Dr. Herbert M. Shelton — »Fasten kann Ihr Leben retten« *Waldthausen-Verlag*

U. Sonnenborn e. a. — Beziehungen zwischen Wirtsorganismus und Darmflora *Verlag Schattauer 1991*

B. Sonnenschein e. a. — Wie sinnvoll sind mikrobiologische und chemische Stuhluntersuchungen *Naturheilpraxis 3/81*

W. Spiller — Neurodermitis-Krankheit ohne Ausweg? *Verlag Natürlich & Gesund*

W. Spiller — Ursache und Behandlung von Darmpilzen und Organmykosen *Lebenskunde 6/91 u. 1/92*

Dr. John H. Tilden — »Mit Toxämie fangen alle Krankheiten an« *Waldthausen-Verlag*

A. Voss e. a. — Intestinale Immunantwort auf Candida albicans

K. Werthmann — Die Störung des intestinalen Immunsystems Sanum Post 15/91

Wissenschaftliche Information — Omniflora 8/89

Literaturverzeichnis über die natürliche Gesundheitslehre

Die Bücher können Sie bei Ihrem örtlichen Lebenskunde-Gesprächskreis, bei der Versandbuchhaltung Bionika, 27718 Ritterhude, oder bei Ihrem nächsten Buchhändler beziehen. Wenn Ihr Buchhändler das von Ihnen gewünschte Buch nicht hat, bitten Sie ihn, im VLB (Verzeichnis lieferbarer Bücher) nachzusehen.

»Fit fürs Leben - Die Zeitschrift für Ihre Gesundheit«

Dr. Henry L. N. Anderson
»Ihre Gesundheit liegt in Ihrer Hand«

Hans Baumgardt:
»Gesunde Kinder durch natürliche Lebensweise«
»Keine Angst vor AIDS«
»Ohne Fleisch gesund leben«
»Ursachen und Heilung von Allergien«
»Wo finde ich was?« (Wegweiser für Gesundheitsliteratur)

Dr. Paul C. Bragg
»Gesund essen ohne Irrtümer«
»Gesundes Herz auch im hohen Alter«
»Gesunder Körper – gesunde Augen«
»Füße die Dich tragen«
»Natürlicher Apfelessig«
»Schöne gesunde Haare«
»Wasser – das größte Gesundheitsgeheimnis«
»Wunder des Fastens«

Karl Wilhelm Bruno
»Priester, Tierschützer und Vegetarier«

Harvey und Marylin Diamond
»Fit für's Leben«, Teil 1
»Fit für's Leben«, Teil 2

Harvey Diamond
»Unser Herz – Unsere Erde«

Marylin Diamond
»Neue Eßkultur mit SonnenKost«

Jan Dries und Inge Dries
»Lebensmittel richtig kombinieren«

Prof. Arnold Ehret
»Von kranken zum gesunden Menschen durch Fasten«
»Die schleimfreie Heilkost«

T. C. Fry
»Dynamische Gesundheit«
»Reines Wasser für die Gesundheit«
»Nie wieder Herpes«

Dr. Zane R. Kime
»Sonnenlicht und Gesundheit«
Manfred G. Langer
»Gesund werden – gesund bleiben mit SonnenKost«
Lebenskunde-Schriftenreihe
Schrift 1 – »Milch, Quelle der Gesundheit oder Krankheit?«
Schrift 2 – »Lebenskraft durch Fleisch?«
Schrift 3 – »Fleisch, Ursache von Zivilisationskrankheiten«
Schrift 4 – »Gesund durch natürliche Ernährung«
Schrift 5 – »Unser Wasser, Ursache von Krankheiten«
Schrift 6 – »Vegetarismus gestern und heute«
Schrift 7 – »Gesundheit ist ganz einfach«
Wilhelm Lungerth
»2000 Jahre Erfahrung im biologischen Gartenbau«
Prof. Dr. Michael Lukas Moeller
»Gesundheit ist eßbar«
Dr. vet. Donald J. Ogden
»Natürliche Haltung von Hunden und Katzen«
Divna Omaljev-Bongartz
»Tagebuch einer Schwangerschaft mit SonnenKost«
Dr. Bob Owen
»Das Krebstagebuch der Ärztin Anne Rush«
»Roys Heilung von AIDS«
Dr. Herbert M. Shelton
»Fasten kann Ihr Leben retten«
»Richtige Ernährung mit natürlicher Nahrung«
»Syphilis – Irrtum der Medizin?«
Wolfgang Spiller
»Dein Darm – Wurzel der Lebenskraft«
Dr. John Tilden
»Mit Toxämie fangen alle Krankheiten an«
Dr. Norman W. Walker
»Auch Sie können wieder jünger werden«
»Darmgesundheit ohne Verstopfung«
»Frische Frucht- und Gemüsesäfte«
»Strahlende Gesundheit«
»Täglich frische Salate erhalten Ihre Gesundheit«
»Wasser kann Ihre Gesundheit zerstören«
»Zurück aufs Land zur Selbstversorgung«
Helmut Wandmaker
»Willst Du gesund sein? Vergiß den Kochtopf!«
»Dick und krank oder schlank und gesund«
Dr. John Yiamouyiannis
»Gesundheit aktiv – das natürliche Ernährungs- und Fitneßprogramm«

Über den Autor

Wolfgang Spiller wurde am 4.7.1953 in Saarwellingen geboren. Nach 10jähriger Tätigkeit als Krankenpfleger in verschiedenen Fachbereichen widmete er sich 1975 der Naturheilkunde und legte 1978 sein Examen als Heilpraktiker ab. Die tägliche Konfrontation mit ernährungsbedingten Zivilisationskrankheiten führte zu einem intensiven Studium der Ernährungsmedizin. Sein Spezialgebiet wurden neben allergischen Erkrankungen vor allem Erkrankungen des Verdauungssystems.

1984 gründete er mit *Georg Hammann* die Schwarzwald-Klinik in Villingen-Schwenningen als Fachklinik für Ernährungsmedizin. Als Basis dieser Klinik dient das von ihm erarbeitete »Villinger Modell« mit seinen wegweisenden Gedanken für Therapie, Gesundheitsberatung und Krankheitsnachsorge.

1985 erschien von ihm das Buch »Neurodermitis – Krankheit ohne Ausweg?«, 1987 »Ernährungstherapie bei allergischen Erkrankungen« und 1992 zusammen mit Herrn *Hohler*, Küchenchef der Schwarzwald-Klinik, das Buch »Vegane Rohkost«.

Wolfgang Spiller veröffentlichte über 100 Artikel im In- und Ausland. Seit 1988 ist er der *Lebenskunde* eng verbunden und wurde 1992 in den wissenschaftlichen Beirat der Gesundheitszeitschrift »Fit fürs Leben«.

Sein Motto lautet: »*Der Mensch als Ganzes, Behandlung der Ursachen, Ernährung als Therapie.*«

Labor Drs. Hauss
Ärztliche und biologische Leitung

Postfach 1207
Kieler Straße 71, 2330 Eckernförde

Datum der Probeentnahme: ____________
Name des Patienten: ____________
Geb.-Datum: ____________
Rechnung an Patient ☐ Rechnung an Praxis ☐
Rechnungsanschrift des Patienten: ____________

I. Gewünschte Untersuchungen:

1) mykol. Status der Probe: Stuhl ☐ Sputum ☐ Urin ☐ Sonstiges ☐ :
Haare ☐ Haut ☐ Nagel ☐

2) bakterielle Untersuchung: (Enterobakterien, Nonfermenter) Stuhl ☐ Sputum ☐ Urin ☐ Sonstiges ☐ :

II. Bisherige Befunde, Diagnose, Symptome:

____

III. Nähere Angaben

(die Beantwortung der nachstehenden Fragen ist für die Bewertung und Therapieempfehlung **dringend erforderlich)**

Zutreffendes bitte ankreuzen ☒

→ ☐ **Erstuntersuchung** ☐ **Kontrolluntersuchung**

Spezielle Angaben:

Tgl. Stuhlgewohnheiten: 1 x ☐ 2 x ☐ häuf. ☐

	ja	nein
Verstopfung	☐	☐
Durchfälle	☐	☐
Blähungen: wenig - mäßig - häufig - stark	☐	☐
Bestanden Erkrankungen d. Darmes	☐	☐
Bestehen Erkrankungen d. Darmes	☐	☐
Wenn ja, welche? ____________		
Mundschleimhaut belegt	☐	☐
Zunge belegt	☐	☐
Übelkeit	☐	☐
Erbrechen	☐	☐
Kontakt mit Tieren (z.B. Hund, Katze, Kaninchen)	☐	☐

Angaben zur Ernährung:

Fertigkost	☐	☐
Körnerkost	☐	☐
grobe Rohkost	☐	☐
Fleisch	☐	☐
Mischkost	☐	☐

	ja	nein
Wird Leinsamen eingenommen?	☐	☐
Werden Abführmittel eingenommen?	☐	☐
Werden Bittersalze eingenommen?	☐	☐
Vorausgeg. antibiotische Maßnahmen	☐	☐
Wenn ja, wann? ____________		
Welche? ____________		
Werden Darmsymbionten verabreicht?	☐	☐
Wenn ja, welche? ____________		
Wird Kombucha eingenommen?	☐	☐
Sonstige Arzneimittel	☐	☐
Wenn ja, welche? Dosierung: ____________		
Verlangen nach Süßem?	☐	☐

Milchprodukte wie Käse, Quark, Yoghurt, Sauermilch
☐ normal ☐ viel ☐ wenig

IV. Bisherige Therapie:

____

V. Therapieempfehlungen erwünscht: ☐ ja ☐ nein

____

VI. Befundübermittlung an:

(bitte PRAXISSTEMPEL nicht vergessen)

(bei Privatpatienten bitte Adresse angeben)

Patient:

Labor L + S GmbH
Gesellschaft für Mikrobiologie und biologische Qualitätsprüfung
Mangelsfeld 4 · 8733 Bad Bocklet
Telefon 0 97 08-8 48 · Telefax 0 97 08-68 85

Labor L + S GmbH, Mangelsfeld 4, 8733 Bad Bocklet

Befundadresse (Stempel):

L + S Labor-Nr.:

Datum Eingang: Ausgang:

Rechnung bitte an:
Heilpraktiker ☐ Patient ☐

der Einsender ist zur Beauftragung bevollmächtigt.

Proben-Begleitschein und Befund: Stuhl-Untersuchungen (gewünschtes bitte ankreuzen)

☐ Stuhlflora: GOÄ 4626, 4637, 4705, 4630, 3500 (x 1,2); komplett DM 60,98

		Befund (KBE/g)	Normbereich
aerob:	E. coli		$10^6 - 10^7$
	E. coli-Varianten (Laktose nicht vergärend; rauh, mukös, hämolysierend)		$10^2 - 10^5$
	Enterobacteriaceae (Klebsiella sp.; Proteus sp.; Enterobacter sp.)		$10^2 - 10^5$
	Enterococcus sp.		$10^6 - 10^7$
	Pseudomonas sp.		$10^2 - 10^4$
	Bacillus sp.		$10^2 - 10^4$
	Staphylococcus sp.		$10^2 - 10^4$
anaerob:	Bacteroides sp.		$10^8 - 10^{10}$
	Clostridium sp.		$10^2 - 10^6$
	Bifidobacterium sp.		$10^8 - 10^{10}$
	Lactobacillus sp.		$10^5 - 10^7$
Pilze:	Candida sp.		bis 10^2
	Geotrichum sp.		$10^2 - 10^4$
andere Mikroorganismen:			$10^2 - 10^4$
pH:			6 – 7

Enteritis-Erreger: GOÄ 4626 (x 1,2), jeweils DM 23,22

☐ Salmonella sp./Shigella sp.		nach Anreicherung nicht nachweisbar
☐ Yersinia sp. wenn Kälteanreicherung positv, benachrichtigen wir		nicht nachweisbar
☐ Campylobacter sp.		nicht nachweisbar
☐ Rota-Viren: GOÄ 4398 (x 1,2); DM 16,89		serologisch nicht nachweisbar
☐ Parasiten (Wurmeier, Protozoen): GOÄ 4051, 4056, 4061 (x 1,2); komplett DM 15,84		nicht nachweisbar
☐ Verdauungsrückstände (mikroskopisch): GOÄ 4075 (x 1,2); komplett DM 11,61	Muskelfasern:	Stärke:
Normbereich ∅ – + / auffällig ++ – +++	Neutralfette:	Fettsäuren:
☐ Blut (okkult): GOÄ 3505 (x 1,2), DM 4,48		nicht nachweisbar

☐ Chymotrypsin	GOÄ 3798 (x 1,2), DM 26,40		> 6 U/g
☐ Milchsäure D-Form	GOÄ 3798 (x 1,2), DM 26,40		10 mg / g
Milchsäure L-Form	GOÄ 3798 (x 1,2), DM 26,40		
☐ Lipase	GOÄ 3787 (x 1,5), DM 33,–		> 5 µg/g
☐ Gesamtgallensäuren	GOÄ 3798 (x 1,5), DM 33,–		35 (42) µmol / g
☐ Fett	GOÄ 3786 (x 1,2), DM 26,40		< 7 g / 24 Std.
☐ Stickstoff	GOÄ 3792 (x 1,2), DM 26,40		< 2,0 g / 24 Std.
☐ PMN-Elastase	GOÄ 3798 (x 1,2), DM 26,40		< 3,5 µg/g TSt
☐ Lysozyme	GOÄ 3798 (x 1,2), DM 26,40		< 3,0 µg/g FSt
☐ Plasma-Proteine (Albumin, IgA, Transferrin, Coeruloplasmin, α1-Antitrypsin)	GOÄ 4040 (x 1,5) jeweils DM 23,76		vgl. Anlage

☐ **Wenn Sie Interpretationsschwierigkeiten haben, können wir Sie gerne telefonisch über Relevanz des Befundes und Therapieansätze beraten.**

Laboratorium für diagnostische
und industrielle Mikrobiologie

Dr. R. Schuler

BERATENDER MIKROBIOLOGE
Beratung · Sachverständigengutachten
Etztalstraße 14 · Postfach 9
D - 8137 Berg 1 bei Starnberg
Telefon (0 81 51) 5 00 44
Telefax (0 81 51) 5 04 21

BAKTERIOLOGISCHE STUHLUNTERSUCHUNG

Name u. Vorname d. Pat. Geburtsdatum

Anschrift
(bei Minderjährigen Elternanschrift angeben!)

Nur Blockschrift oder Maschine! Die Beantwortung der nachstehenden Fragen ist für die Bewertung **dringend** erforderlich

Zutreffendes bitte ankreuzen!

Angaben zur Ernährung

Körnerkost ja/nein
grobe Rohkost ja/nein
Fleisch ja/nein
Fertigkost ja/nein

Kurze allg. Angaben zum Krankheitsbild

SPEZIELLE ANGABEN:

Obstipation ja/nein Durchfälle ja/nein **Besteht eine Unverträglichkeit von Kuhmilchprodukten?** ja/nein

Blähungen: wenig-mäßig-häufig-stark Stuhlgewohnheiten einmal täglich/mehrmals täglich/wie sonst?

Bestehen oder bestanden Erkrankungen des Darmes ja/nein wenn ja, welche?

der Leber	ja/nein	der Gallenblase	ja/nein	Besteht Übergewicht	ja/nein
des Magens	ja/nein	der Harnwege	ja/nein	Wird Leinsamen eingenommen	ja/nein
der Pancreas	ja/nein	der Haut	ja/nein	Werden Darmsymb. verabreicht	ja/nein
des Gebisses	ja/nein	der Gelenke	ja/nein	wenn ja, welche?	

Werden Laxantien z. Stuhlbef. eingesetzt ja/nein
Werden Bittersalze eingenommen ja/nein
Antibiotica in den letzten drei Monaten? ja/nein wenn ja, welche?
Sonstige Angaben, bisherige Therapie und Medikation:

Gewünschte Untersuchung:

☐ Gesamt-Untersuchung
☐ Kontroll-Untersuchung auf ....
☐ Steroidtransform. Clostridienspezies
☐ Cl. perfringens-Enterotoxintest

Befundübermittlung an: (bitte Stempel)

Rechnung an:

KOSTENÜBERNAHMEERKLÄRUNG:

☐ Ich übernehme die Kosten für die beantragte Untersuchung ____________________
☐ Ich bestelle gleichzeitig auch die erf ..derlichen Symbionten- und ev. Lactobazillenkulturen (bitte Apothekenanschrift angeben!)

____

____

Ohne eigenhändige Unterschrift des Patienten bz.. des Erziehungsberechtigten kann eine Bearbeitung nicht erfolgen!

Material

☐ Stuhl
☐ Rachen
☐ Urin
☐ ....

Institut für Mikroökologie · Postfach 17 65 · D-6348 Herborn

INSTITUT FÜR MIKROÖKOLOGIE

Kornmarkt 34
6348 Herborn
Telefon (0 27 72) *4 10 33
Telefax 4 10 39

Arzt

←

Bitte postalisch korrekte Adresse angeben, da für Rücksendung erforderlich!

Datum Probeentnahme

Bitte immer angeben: Letzte Befund-Nr. | Datum des letzten Befundes

Körpergröße ____ cm | Gewicht ____ kg | Alter ____ Jahre

Konstitution

☐ Normosom ☐ Astheniker ☐ Pykniker

	ja	nein	Zeit/Dauer
Tbc-Anamnese	☐	☐	______
Typhus/Paratyph.	☐	☐	______
Malignom	☐	☐	______
Chemotherapie	☐	☐	______
Antibiotika	☐	☐	______
Corticoide	☐	☐	______

Familienname des Patienten | Vorname | Geburtsdatum

Straße und Hausnummer

Postleitzahl Wohnort

Bitte immer 2 Formulare ausfüllen und einsenden.
Der Florabefund läßt ohne ärztliche Angaben keine verbindlichen Beratungen zu!

1 Kurz-Anamnese:

2 Diagnose:

3 Beschwerdebild:

4 Pathologische Labordaten:

5 Therapie:

Zusatztherapie: Ja ☐ nein ☐ wenn ja welche:

Zusatzmedikamente: 1.

6 Stichworte zum Verlauf: positiv ☐ negativ ☐ Status idem ☐

Mikrobiologische Therapie – bereits durchgeführt

	ja	nein	Zeit/Dauer
Pro-Symbioflor	☐	☐	______
Symbioflor 1	☐	☐	______
Lactobacillen/Bifidob.	☐	☐	______
Symbioflor 2	☐	☐	______
Autovaccine	☐	☐	______
Fremdvaccine	☐	☐	______

Ohne Angaben ist die Herstellung einer Autovaccine und Begutachtung in das Ermessen des Arztes gestellt.

Autovaccine Injektion erwünscht ja ☐ nein ☐

Autovaccine (nur über Privatrechnung) perkutan ☐ oral ☐

oral/perkutan nicht erwünscht ☐

Befundbericht u. Therapieempfehlung erwünscht: ja ausführlich / ja Kurzform / nein

Blutbild:

Hb	______	g %
Erythroc.	______	
Leukoc.	______	
Basophil.	______	%
Eosinophil.	______	%
Myelocyt.	______	%
Jugendl.	______	%
Stabkern.	______	%
Segmentk.	______	%
Lymphocyt.	______	%
Monocyt.	______	%
Lymphoc. absol.	______	
HbE	______	pg
BSG	______	

In welche **Krankheitsgruppe** ordnen Sie den Patienten ein? Für statistische Zwecke bitte Gruppe(n) ankreuzen.

1 Magen-Darm
2 Respirationstrakt
3 Herz/Kreislauf
4 Urogenitaltrakt
5 Haut
6 Blut
7 Stoffwechsel/Endokrinium Lebererkrankungen
8 Immundefekte/Infektanfälligkeit
9 Allergien
10 Rheumat. Erkrankungen
11 [illegible]morleiden
12 Psychische Erkrankungen
13 Organ. Nervenleiden
14 Sonstige

Ernährungsgewohnheiten:	Ja	nein
überwiegend Vollkornprodukte (entspr. Ballaststoff)	☐	☐
Schweinefleisch	☐	☐
Vegetarier	☐	☐

Rohkostanteil
wenig (unter 20%) ☐
mittel (20%–50%) ☐
überwiegend (> 50%) ☐

Zuckerkonsum
wenig ☐
mittel ☐
viel ☐

Kam das vom Pat. verzehrte Gemüse überwiegend aus
biologischem Anbau ☐
konventionellem Anbau ☐

Medizinisch-wissenschaftlicher Beirat: Med. Dir. Dr. med. Wolfram Werner, Arzt für Mikrobiologie und Infektionsepidemiologie

Wissenschaftlich-technische Leitung: Dipl.-Biol. Dr. rer. nat. Volker Rusch, Dipl.-Biol. Dr. rer. nat. Kurt Zimmermann

Ärztliche Leitung: Christian Maaß, Arzt-Naturheilverfahren

Arzt-Nr.

Druckdatum: Febr. '91

Sachwortverzeichnis

Achylia gastrical – Mangel an Magensäure
aerob – auf Sauerstoff angewiesen
Affektion – Reizung
Agens – Verursacher
Ammoniak – Verbindung von Stickstoff und Wasserstoff
Amylase – Eiweißenzym
anaerob – nicht auf Sauerstoff angewiesen
Anaerobiose – Leben ohne Abhängigkeit vom Sauerstoff
Analbereich – um den After herum
Anamnese – Krankengeschichte
Angina – entzündliche Erkrankung der Rachenmandeln
antigenarm – reizarm
apathogen – nicht krankhaft
Appendicitis – Entzündung des Wurmfortsatzes
atonisch – keine Bewegung mehr
Auskultation – Abhören
auskultierend – abhörend
Autointoxikation – Selbstvergiftung
Autolyse – Selbstauflösung

Bakterientapete – Bakterien, die nur auf einer Hautoberfläche angesiedelt sind
Bakterium – Kleinstlebewesen
Bernsteinsäure – Zwischenprodukt des Zellstoffwechsels
Bikarbonat – benutzt als Puffersubstanz für Säuren
Blut, okkult – Blut im Stuhl, das nur unter dem Mikroskop nachgewiesen werden kann
Bottle-Sydrom – Zahnkaries, die durch gezuckerte Teefläschchen verursacht wurde

Bronchitis – Entzündung der Bronchien
Bulimie – Eßsucht
Buttersäure – entsteht u.a. bei Vergärung von Stärke im Darm durch Bakterien

Cadaverin – Entsteht bei der Fäulnis von Eiweiß
cancerogen – krebserregend
Candidasepsis – hochgradige Verseuchung mit Candidapilzen
Capronsäure – entsteht bei der Buttersäuregärung
Cautele – Bedingung
Cellulose – Stärkeart, Vielfachzucker
Cholera – Infektionskrankheit
Clostridien – Fäulnisbakterien
Coecum – Blinddarm
Colitis – Dickdarmentzündung
Colon – Dickdarm

Darmassoziiert – darmzugehörig
Darmlumen – Darminnere
Defäkation – Absetzen von Kot
Destruktionsprozeß – Abbauprozeß
Dextrin – Stärkeart, Vielfachzucker
Diathese – Bereitschaft, Anfälligkeit
differentialdiagnostisch – weiter Abklärungen anderer Ursachen
Dimethylamin – Abbauprodukt von Eiweiß
Diphtherie – Infektionskrankheit
Disaccharidintoleranz – Unverträglichkeit von Zweifachzucker
distal – weiter von der Körpermitte
Divertikel – Ausstülpung

Divertikulitis – Entzündungen von Darmausstülpungen
Duodenum – Dünndarm
Dysbakterie – kranke Darmflora
Dysbiose – kranke Darmflora
dyspeptisch – gärungsbedingt
Dyspepsie-Coli – Fäulniserreger

Elektrolyte – elektrischer Leiter in Lösungen
empirisch – erfahrungsgemäß
endogen – von innen bedingt
enteral – in bezug auf den Darm
Enterocolitis – Darmentzündung
Esoinophilie – Vermehrung bestimmter weißer Blutkörperchen
Epithel – Zellverband
Essigsäure – Abbauprodukt von Kohlenhydraten beim Gärungsstoffwechsel
ethnologisch – völkerkundlich
Eubiose – gesunde Darmflora
Evolution – fortschreitende Entwicklung
exogen – von außen bedingt

Faeces – Kotmasse
Fermentierung – enzymatische Umwandlung durch Bakterien
Foetor ex ore – Mundgeruch
Folsäure – vitaminähnlicher Stoff
Fungämie – Pilzbefall des Blutes
Fungizid – chemisches Pilzbekämpfungsmittel (in der Landwirtschaft)
Fuselalkohol – minderwertiger, giftiger Alkohol

Gamma-Globulin – Eiweißkörper

Hämatogen – Ursache liegt im Blut
Haustrien – Darmwindungen
Hemicellulose – Stärkeprodukt, Mehrfachzucker
Histamin – Entsteht bei Fäulnis von Eiweiß, Gewebshormon
holistisch – ganzheitlich
humoral – aus Flüssigkeit bestehend
Hyperazidität – Übersäuerung des Magens
Hyperthermie – Übererwärumung
Hypothermie – Abkühlung

Iatrogen – Schäden, die durch ärzliche Behandlung verursacht wurden
Ileum – Teil des Dünndarms
Ileus – Darmverschluß
Immundeviation – Umstimmung des Abwehrsystems
Immunglobulin A (IgA) – Abwehrstoff des Körpers
Immunmodulation – Einregulierung des Abwehrsystems
Immunprofil, zellulär – Bestimmung von Abwehrzellen
Immunstimulation – Anregung des Abwehrsystems
Immunsuppression – Unterdrückung des Abwehrsystems
Immunsystem – körpereigenes Abwehrsystem
Indol – Aufbauprodukt einer Aminosäure
induzieren – herleiten
Infektarthritis – Gelenkentzündung durch einen Erreger
infekttoxisch – Belastungen durch früher durchgemachte Infekte
Insektizid – Vernichtungsmittel für Kleinstlebewesen

Insuffizienz – Leistungsschwäche
Interaktion – Wechselbeziehung
intestinale Autointoxikation – Selbstvergiftung des Körpers über den Darm
Intestinalflora – Bakterien des Verdauungstraktes
Intestinaltrakt – Verdauungssystem gehörend
Intestinum – Verdauungssystem
intraepithelial – innerhalb eines Zellverbandes
Intrinsic-Faktor – ermöglicht Aufnahme von Vitamin B 12

Jejunum – Teil des Dünndarms

Karzinogen – krebsverursachend
Karzinom – Krebs
Kaseingerinnsel – Kasein, wichtiger Eiweißstoff der Milch in geronnener Form
kohärent – zusammenhängend
Kolostomie – Teilentfernung des Darms
Kontamination – Verschmutzung
Konvolut – Knäuel

L(+)Milchsäure – rechtsdrehende, stoffwechselaktive Säure
Lamina propria – Bindegewebsschicht der Magen-Darm-Schleimhaut
Laryngitis – Kehlkopfentzündung
latent – verborgen, ruhend
lege artis – vorschriftsmäßig
Libido – Sexualtrieb
Lipase – fettspaltendes Enzym
Lipide – Fettverbindungen
Lymphaticum – Kanalsystem für die Lymphflüssigkeit

Lymphfollikel – dichtmaschiges Lymphgewebe
lymphogen – Ursache liegt in der Lymphe
Lymphozyten – Bestandteile des weißen Blutbildes
Lysozym – Enzym

Makrophagen – Freßzellen
makroskopisch – mit bloßem Auge erkennbar
Malabsorptionssyndrom – Verdauungsstörungen
Megacolon – vergrößerter Dickdarm
Mercaptan – Alkohol, in dem Sauerstoff an Schwefel gebunden ist
mesenterial – zum Dünndarm gehörend
metabolisieren – verstoffwechseln
Meteorismus – Blähsucht
Methylamin – nach Ammoniak riechendes Gas
Mikrobiologie – Lehre von den Kleinstlebewesen
Mikroflora – Oberbegriff für Kleinstlebewesen im Organismus
Mikroorganismus – Kleinstlebewesen
Monosaccharide – Einfachzucker
Morbus Crohn – entzündliche Darmerkrankung
Morbus Hodgkin – Lymphdrüsenkrebs
Mucosa – Schleimhaut
Muzin – Schleim
Mykose – Pilzbefall

Nekrotisierende Enterocolitis – entzündlicher Zerfall der Darmschleimhaut
Neurodemitis – allergische Hauterkrankung
Nikotinsäureamid – Vitamin
Nosode – homöopathisches Medikament aus Tierprodukten
Noxen – Giftstoffe

O-Kresol, p-Kresol – Bestandteil des Steinkohlenteers
Obstipation – Verstopfung
Ödem – Wasseransammlung im Gewebe
Oligosaccharide – mittel- bis langkettige Zucker
oral – über den Mund
Ösophagus – Speiseröhre
Ostitis – Knochenentzündung
Otitis media – Mittelohrentzündung
Overgrowth-Syndrom – Keime wandern vom Dickdarm in den Dünndarm
Oxysäuren – anorganische sauerstoffhaltige Säuren

Palpierend – tastend
Pankreas – Bauchspeicheldrüse
Pankreasamylase – Ferment der Bauchspeicheldrüse
Pankreaslipase – Ferment der Bauchspeicheldrüse
Pantothensäure – Vitamin
Parameter – Meßwerte
parasitär – schmarotzerhaft
parenteral – unter Umgehung des Magen-Darm-Kanals
pathogen – krankheitsverursachend
pathologisch – krankhaft
Pektin – kohlenhydratähnliche Substanz
Penicillin – Schimmelpilz, Antibiotikum
Papsinogen – eiweißspaltendes Enzym
percutan – durch die Haut
Perianalflora – Bakterien um den After
perioral – um den Mund herum
Peristaltik – Muskelbewegung
Pestizid – Vernichtungsmittel für Kleinstlebewesen
Peyersche Plaques – Immunorgan im Darm
pH-Wert – Meßwert für saure und alkalische Lösungen

Pharyngitis – Rachenentzündung
Phenol – hier: Zersetzungsprodukt im Darm
physiologisch – die Lebensvorgänge betreffend
Plasmazellen -Produzent von Immunglobuline
polyvalent – breitwirkend
Porphyrin – Grundsubstanz des Chlorophylls
Potenzakkord – Mittel mit verschiedener homöopathischer Potenz, z.B. Arnica D4, Arnica D8, Arnica D12
progredient – fortschreitend
prophylaktisch – vorbeugend
Propionsäure – Fettsäure
Proteasen – Eiweißenzyme
proximal – der Körpermitte zu legen
Psoriasis – Schuppenflechte
Publikation – Veröffentlichung
Putreszin – Entsteht bei der Fäulnis von Fleisch
Pyruvat – Salz der Brenztraubensäure
Pyruvat-Stau – Stau von Abbauprodukten des Stoffwechsels

Quantitativ – mengenmäßig
Quincke-Ödem – allergisch bedingte Anschwellung im Hals

Redox-Potential – Maß für die oxidations- bzw. Reduktionskraft
Redoxsystem – zwei Substanzen, die leicht oxidiert oder reduziert werden können, bilden ein Redoxsystem
Rezidiv – wiederkehrend
Rhinitis – Schnupfen
Riboflavin – Vitamin B2
Rosacea – Hauterkrankung
Ruhr – Infektionskrankheit

Saccharidase – Zuckerspaltendes Enzym
Saccharide – Zuckerverbindung
Scharlach – Infektionskrankheit
Schwermetalle – z.B. Blei, Cadmium etc.
Sepsis – Blutvergiftung
Serologie – Blutuntersuchung
Sinusitis – Nebenhöhlenentzündung
Skatol – Zersetzungsprodukt der Eiweißkörper
Sonografie – Ultraschalluntersuchung
Steroide – Hormone und hormonähnliche Substanzen
Steroidtransformation – Umwandlung von Hormonen
Subazidität – Mangel an Magensaft
Substrat – Grundlage
Symbionten – Darmkeime
Symbiose – harmonisches Zusammenleben von Mikro- und Makroorganismen zum beiderseitigen Nutzen
Symbioselenkung – Wiederherstellen einer gestörten Symbiose
synergistisch – zusammenwirkend
Synonym – gleichbedeutend
Synthese – Aufbau
synthetisch – künstlich hergestellt
systemisch – auf das Ganze einwirkend

Temporär – zeitlich
terminal – das Ende betreffend
Tonsillitis – Mandelentzündung
Toxämie – Auftreten von giftigen Substanzen im Blut
Toxin – Giftstoff
transient – durchlässig
Trimethylamin – Eiweißabbauprodukt

Tryptophan – Eiweißabbauprodukt
Typus – Infektionskrankheit

Urticaria – Nesselsucht

Vaginalflora – Bakterien der Scheide
Vakzin – Impfstoff
Verdauungsinsuffizienz – Verdauungsschwäche

Wasserstoffionen – negativ geladene Teilchen des Wasserstoffatoms

Zellulär – aus Zellen bestehend
Zöliakie – Getreideunverträglichkeit der Darmschleimhaut
Zytostatika – Medikamente, die die Zellteilung hemmen

Stichwortverzeichnis

Unsere Buchempfehlungen

Dr. med. Trudel Pollmächer

Gesund werden –
Ratgeber für biologische Heilweisen

Der Grundstein für die meisten Krankheiten wird durch falsche Ernährung und Lebensweise gelegt. Vollwertkost, insbesondere Rohkost wirkt als Heilnahrung bei den verschiedensten Krankheiten. Aus 40jähriger Praxis schildert die Autorin, wie schwere Krankheiten, z. B. Krebs-, Nieren-, Rheuma- und Gefäßkrankheiten, geheilt oder gebessert werden können. In ihren Krankengeschichten berichtet sie von unglaublichen Heilungen und Überlebenszeiten, selbst bei unheilbaren Krankheiten. Die verschiedensten biologischen Heilmethoden werden dargestellt und welche Behandlungsarten bei den einzelnen Krankheiten am besten geholfen haben. – Das Buch ist eine umfassende Informationsquelle über die verschiedensten Naturheilverfahren mit vielen Beispielen über Heilerfolge.

Dr. John H. Tilden

Mit Toxämie fangen alle Krankheiten an

Das Wissen, wie Sie gesund bleiben und bei Krankheit wieder gesund werden, macht Sie unabhängig und gibt Ihnen Kraft, Selbstbewußtsein und Lebensfreude. Die wenigsten Menschen wissen aber etwas über die wirklichen Ursachen von Krankheiten. Ihnen ist dieses Buch gewidmet, das sie aufklärt über die Toxämie-Lehre. Es behandelt folgende Themen:
Falsche Theorien • Heilmittel • Linderungs- und Anregungsmittel • Wissenschaftliche Tests • Herdentrieb • »Tödliche« Keime • Biologische Energie • Ursachen der Entkräftung • Diagnose – eine medizinische Täuschung.

Waldthausen Verlag - 27718 Ritterhude

Unser Verlagsprogramm

Peterson »Fit fürs Leben durch kreatives Denken«

Pollmächer »Gesund werden – Ratgeber für biologische Heilweisen«

Sauer »Fußreflexzonentherapie mit Liebe und Licht«

Shelton »Fasten kann Ihr Leben retten« – »Richtige Ernährung mit natürlicher Nahrung« – »Syphilis – Irrtum der Medizin?«

Spiller »Dein Darm – Wurzel der Lebenskraft«

Stukenbrock »Strom-Monopol heizt unsere Atmosphäre auf«

Tilden »Mit Toxämie fangen alle Krankheiten an«

Walker »Darmgesundheit ohne Verstopfung« – »Frische Frucht- und Gemüsesäfte« – »Auch Sie können wieder jünger werden« – »Natürliche Gewichtskontrolle« – »Strahlende Gesundheit« – »Täglich frische Salate erhalten Ihre Gesundheit« – »Wasser kann Ihre Gesundheit zerstören«

Walker/Langer »Zurück aufs Land zur Selbstversorgung«

Wandmaker »Dick + krank« – »Willst Du gesund sein? Vergiß den Kochtopf!«

Yiamouyiannis »Früher alt durch Fluoride« – »Gesundheit aktiv«

FIT FÜRS LEBEN

Die Zeitschrift für Ihre Gesundheit
(6x jährlich, A4-Format, z. T. 4farbig, 48 Seiten)

Schaubilder:
Lebensmittel-Kombinationstabelle • Endokrine Drüsen • Dickdarmtherapie • Fußreflexzonen-Therapie • Einheimische und exotische Früchte • Vital-Transmitter

Wer ist der beste Arzt der Welt?
Natürlich unser Körper selbst!
Wie entfalten Sie Ihre Selbstheilungskräfte?
Werden Sie GesundheitsPraktikerIn
mit dem 2jährigen Fernlehrgang der natürlichen Gesundheitslehre

Waldthausen Gesundheits-Schule
DAS LEBEN LERNEN

Waldthausen Verlag · 27718 Ritterhude